世界を見てきた
投資の
プロが

新入社員に
こっそり
教えている

驚くほどシンプルで
一生使える
投資の極意

加藤航介
インベスコ・アセット・マネジメント株式会社
グローバル資産形成研究所 所長

東洋経済新報社

【プロローグ】
新入社員、「本当の投資」を学びはじめる

「人生とお金と社会」について一緒に考えよう

姫野紗季
外資系資産運用会社の新入社員。22歳。英語は少々できるが投資の知識は初心者レベル。物怖じしない素直な性格。趣味は買い物と旅行。

加藤航介（通称ケイ）
外資系資産運用会社の先輩社員。業界経験20年のアラフォー。世界3ヵ国に住み、約30ヵ国で投資の仕事をしてきた。テニスと畑仕事と日本酒が好き。新入社員姫野のメンター（指導者）に任命される。

いろいろな国を20年見て、やっとわかった「本当の投資」を凝縮して解説

はじめまして。加藤さん。新入社員の姫野です！
研修が終わってやっと配属部署が決まりました。わからないことばかりですが、がんばりますので、よろしくお願いします！

ウェルカム、姫野さん！　メンターの加藤です。これから投資や資産運用について、しっかり学んでいこう！
では、簡単に自己紹介を。
僕は資産運用会社、つまり投資のアドバイスをする会社で働いて20年になります。イギリスとアメリカで10年ほど、日本でも同じく10年ほど働いてきました。
世界の豊かな国や貧しい国、いろいろな場所を訪れて経済や会社を分析し、仕事でも個人でもさまざまな投資をしてきました。いまは海外と日本を行ったり来たりしています。

へー！　すごい。

次の世代の姫野さんには、僕が**20年悩みながら世界中で肌で感じて学んだこと**を凝縮して、伝えていきたいと思っています。

はい。20年間をギュギュッと、ですね。それってお得すぎますね！

僕は会社では英語のニックネームで「ケイ」と呼ばれているので、これからはそう呼んでください。今日はファーストデイなので、リラックスしていこう！

わわ。外資系っぽい。では、私もショルダーのパワーを抜いていきます（笑）。

社会人になる＝「働く、選挙、お金」の3つで社会参加をすること

はははは。いきなりだけど、姫野さんは投資にどんなイメージを持っている？

正直にいうと、ちょっと前までは貧乏学生で、株や投資信託へ投資するようなお金なんてなくて。それに子どもの頃から、両親に「もうけ話やうまい話には裏がある」って教えられてきたので、**投資はちょっと怖い**っていうイメージがあるんです。

投資はお金持ちがするもので、私のような庶民には関係ないっていう印象もあります。

なるほど。「投資ってあやしい……」だよね。わかる、わかる（笑）。

でも、これから姫野さんは社会人になり大人として自立するわけだから、自分のお金と社会の関わりについて考えるのはとても大事なことなんだ。大人になるっていうのは**「働く、選挙、お金」という3つの社会参加**をすることだからね。

そうか。働くだけじゃないんですね。これからは一人前に稼いで、選挙に行って、お金の投資も……私にできるでしょうか？

それができてこそ、真の社会人だ。でも、3つめの「お金の社会参加」は、日本人が世界の人とくらべてとても苦手としているところだから、ぜひとも正しい知識を身につけてほしい。

社会人としての3つの社会参加

1 働くこと
2 選挙に行くこと
3 お金を社会参加させること（日本人が苦手なところ！）

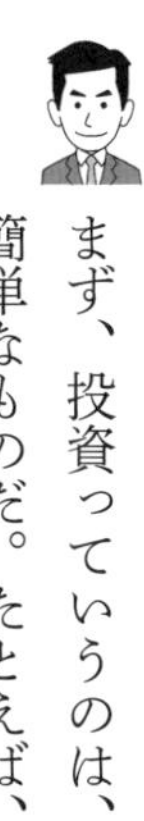

まず、投資っていうのは、姫野さんがさっき言っていた株や投資信託より、もっと身近で簡単なものだ。たとえば、**毎日の買い物も、会社での活動も、家庭での子育てなどもすべて投資**だ。僕がメンターとして姫野さんに教えているいまも、一種の投資になる。

え？　いまこの時間も投資……ですか。

そう。**投資は、個人が成長したり、会社や社会全体が豊かになっていくための活動すべて**なんだ。新社会人の姫野さんは、これから勉強や経験にたくさんの時間とお金を使って自分に投資をしていくだろうし、人生１００年時代、投資は何歳になっても付き合っていくものだ。

何歳になってもずっと……ですか。

僕の講義では、人生の幸せや社会の豊かさという視点で、**本当に役に立つ「お金の社会参加」**を学んでもらいます。**どんな金融資産を持てばいいか**も、順を追ってわかるようになるよ。

頼もしい！

日本は「お金の社会参加」について学ぶ環境に恵まれていない

じつは私が金融業界に入るってことで、まわりの友人から「投資ってどうやるの？」とか聞かれて困っているんです。「会社で年金の投資先を選ばなくちゃいけないけど、どれがいいの？」とかも。まだ何もわからないのに、聞かないでーって。

適当に答えてもらっては困るから、姫野さんにはちゃんと勉強してもらわないと……。**自分自身で納得して、実際に行動して、**そのうえでアドバイスをしないとね。経験がともな

わないと、アドバイスは伝わらないから。

じゃあ、まずは納得できるまでケイさんの話を聞きます！　眠くても我慢！

寝たらそこで終了ね（笑）。

投資にかぎらず新しいことをはじめるとき、多くは誰かの真似からはじめるけど、**日本ではお金の投資についてお手本になる人が身近にいない**ことが多い。

お金の話はセンシティブだから、親や親戚といった身近な人から学ぶといいんだけど、**姫野さんのご両親は、日本が個人のお金を意識して社会参加させていくべきステージ以前に育ってきた世代**なので、投資の正しい知識と経験がある人は少ないかな。逆にギャンブルまがいの間違った投資で大損して、悪いイメージを持っている人も多いと思う。

たしかに！　うちの父なんて、はなから「投資は悪だ」って決めつけているみたい。私には「どんなことにもチャレンジしてみろ」とか「食べ物の好き嫌いはするな」なんてお説教していたくせに！

ははは。姫野さんのお父さんが特別なわけじゃないよ。**日本の環境で、次なる時代に必要**

になる「お金の社会参加」の姿を知るのは簡単なことじゃない。

日本語で書いてある初心者用の投資の書籍にも、自信をもって姫野さんに「まずはこれを読んでみて！」って渡せるような本がじつはあまりないんだ。僕もとても苦労してきた。

へー。そうなんですねぇ。

「金融先進国アメリカ」の受け売りでは「日本人に合ったお金の投資」はできない

「投資（お金の社会参加）」の勉強をしようとしたときに、**金融や経済学の話から入ってしまうと、大切な全体像がさっぱり理解できなくなってしまう**んだ。

たとえば「投資の原則はリスクとリターンです」とか「ＧＤＰって何ですか？」とかね。

あとは「株価チャートを見てもうけましょう」とか、不要な話もあふれている。

あっ、私もそういう本を斜め読みしたことがありますけど、わかるような、わからないような、でした。結局、大事なことが抜けててスッキリしないっていうか。

僕もそうだったから、よくわかるよ。あと、**日本で紹介されているお金の投資方法は、アメリカの受け売りそのままが、とても多い。**

でも、アメリカと日本ってそもそも全然違う国だよね。アメリカ発のアメリカ人向けの方法をごく普通の日本人に当てはめようなんて無理があるけど、それが平然とおこなわれている。

日本人のツボにハマるには、**日本人に合った考え方とアプローチが必要**なんだ。アメリカンジョークがツボにハマる日本人なんて、あまりいないでしょ。

たしかに……。アメリカンジョークより、日本のお笑いのほうが面白い！

海外は、服や靴のサイズから距離や重さの単位まで日本と違うんだから、何かを持ち込むときは慎重になる必要がある。

僕自身、20年間いろいろな国の「お金の社会参加」を勉強しながら、

「投資って結局はただの金もうけじゃないだろうか？」

「日本人に合ったお金の社会参加って何だろう？」

と、長い間迷子の状態だった。だから姫野さんがそうならないよう、大事なことをできる

だけわかりやすく伝えていくね。

はい！

「お金の社会参加」の全体像がわかれば、ただ「もうけよう」とか「一獲千金」なんて思わなくなる。**金融商品は「人生をバランスよく幸せに生きるための便利な道具」**だと考えられるようになる。

ひとつずつ学んでいきましょう！

投資がわからなくなる理由

1 金融や経済学の勉強から入ってしまう
2 身近に経験豊富な手本となる人がいない（過去の日本社会では必要なかったため）
3 海外の理論や投資アプローチが日本人にフィットしない

［目次］

世界を見てきた投資のプロが新入社員にこっそり教えている

驚くほどシンプルで一生使える投資の極意

第1章 日本人には「日本人に合った投資」がある

【講義2日目】ものすごく大切な「人的資産」という考え方。新入社員は1億円以上のお金持ちだった!? 35

【講義3日目】まずは自分に「正しく投資」をして、「金融資産」より「人的資産」の運用から考えよう 44

未来を見よう

【講義6日目】結局、バランスをとるという考え方が一番大切！　87

第2章 金融商品と世の中は、こんなにもつながっている！

——金融商品を知れば、世の中のことがもっとわかる

【講義8日目】日本の大企業の経営者、「最大の問題」はここにあった！　117

【講義9日目】「いいファンドマネージャー」を見分ける「3つの基準」をとことんやさしく解説　137

第3章 さあ、「本当の投資」をはじめよう

【講義13日目】

やっぱり気になる「円安」と「円高」。考え方の本当のコツ、教えます

【講義14日目】

やっぱり損はしたくない！投資の「リスク」と「リターン」、本当の関係を知ろう

【講義15日目】あなたは何歳？　何を買えばいい？「年代別の投資アプローチ」は、こうなります

【エピローグ 最終講義】

新入社員に、最後に伝えたい2つのアドバイス 245

第1章

日本人には「日本人に合った投資」がある

【講義1日目】

そもそも「投資」って何ですか？

「投資＝豊かで幸せな未来をつくるもの」。

じつはみんな投資に囲まれて生きていた！

成長、豊かさへのサイクルのスタートは「投資」から

さて、今日のテーマは**「投資とは何か？」**にしよう。そもそもの話だね。
このお題を考えるとき、僕は次ページの図がすべてだと思っている。

えーっと、**「投資→成長→豊かさ」**ですか？　3つがぐるぐると回っていますね。

うん。この図について身近な例で説明するね。

僕には10歳になる息子がいて、彼に毎日ご飯を食べさせ、学校に送り出し、漢字や計算を教え、習いごともさせている。

そのおかげか、少しずつだけど成長している。自分で学校の準備ができて、買い物でおつりを計算できて、水泳で25ｍを泳げるようになって……とね。

一人前の社会人になるにはまだまだ時間がかかるけど、中学校、高校でもっともっと成長して、**将来的には、自分でしっかり稼いで生活できる豊かさを手に入れてほしい。**

私には姪っ子がいますけど、子どもってかわいいですよね。

私もいつか、子どもがほしいなぁ……。あっ、その前に相手がまだですけど（笑）。

親が子どもに投資をして、子どもが成長して、将来の豊かさを得る。時間はかかるけど、まさに**「投資→成長→豊かさ」になっている**よね。

じつは**すべての「投資」は、この3つの流れに乗っている**ものなんだ。

投資のサイクル

投資＝世の中の豊かさの種

投資
成長
豊かさ

「幸せ」になるために、誰もが毎日、「投資」をしながら生きている

じゃあ次に、僕の最近の買い物の例で投資を考えていこう。最近、健康のためにスポーツシューズを買って、毎朝一駅前で降りて20分くらい歩くようにしているんだ。僕がこのスポーツシューズを買ったのは、**自分の健康に投資した**ということだ。**健康は、より豊かな毎日につながる**からね。

僕の奥さんは1万円するシャンプーを買ってきて「美への投資なのよ！」と言っていた。男の僕にはよくわからないけど、**「美」という豊かさに投資**している。僕も薄毛に効果のあるシャンプーがあれば、よろこんで投資をするしね。

ふふふ。ケイさんはまだまだ大丈夫ですってば（笑）。

あ、ありがとう。姫野さんは最近、何か買い物をした？

先週、思いきって最新のスマホを買っちゃいました！ 前のスマホは5年くらい使っていたから……。新機種は操作がサクサクだし、バッテリー持ちもいいし、超快適なんです！

その買い物で、姫野さんの毎日の生活は楽しく幸せになった？

ええ、それはもう……あっ、そうか。私はスマホを買ったおかげで幸せになっていますね。
バッテリー切れそうーって、ドキドキすることもなくなったし。

日本のような先進国だと、食べるものがなくて生きるのに困ることは稀だよね。
だから**僕らが日々お金を使うことって、ほとんどの場合、何らかの「将来の豊かさ」や「幸せ」をイメージしている**んだ。たとえば、次のようなことだね。

- 友達と外食をする……人間関係づくりへの投資
- 習いごとをする……スキルアップへの投資
- 旅行をする……人生経験への投資

つまり我々は、**毎日「投資」をしながら生きている。**
「豊かな未来」や「幸せ」に向かってお金を使っているともいえる。

たしかに、**楽しいとか幸せとか、ワクワクすることにしか大事なお金は使わない**です。
私がついお金を使っちゃうお洋服だって、好きな服を着るとテンションが上がるからだし、
海外旅行だって、楽しいだけじゃなく英語の勉強にもなっているし！

そういう明るい気持ちが、お金を使って投資をする原動力なんだよ。

みんなが毎日おこなっている投資

・自分で考えてお金を使う
・よりよい明日のためにお金を使う
・幸せやワクワクにお金を使う

新人研修も飲み会も、みんな投資――「会社の成長」と「明るい未来」のため

次に、もう少し視野を広げて、会社での投資を考えてみよう。
会社は、新入社員が入ったら研修をするよね。

そこでお金と時間をかけて名刺の渡し方や身だしなみなどのビジネスマナーを教える。これは**社員が成長して会社がより豊かになるための投資**なんだ。

ほかにも、次のようなものがある。

・新商品や新サービスを提供するための努力……研究開発投資
・社内サーバの構築、パソコンやタブレットの支給……ＩＴ投資
・新工場の建設、生産ラインの追加……設備投資

これらはすべて、**会社が成長し、より豊かになる夢に向かってお金を使う投資**だよね。

本当だ。会社でおこなわれていることって投資ばっかりですね。

そういえば、この前の新入社員歓迎会が会社持ちでラッキーって思っていましたけど、ある先輩が「社員同士が仲よくなって、働きやすくなるために大切な場だよ」と言っていたっけ。**会社からすれば、歓迎会や送別会も投資**ですね。

そのとおり。**「正しい投資」は成長につながり、それがみんなの豊かさにつながる。**

もう少し視野を広げて国のレベルで考えると、道路や橋や空港をつくったり、学校や病院

をつくったりという投資をしている。

これは「インフラ投資」といわれるけど、いずれも生活や仕事をする環境が整うことで、国が成長して、国民がより豊かに幸せになるためにおこなわれている。

そういう投資の積み重ねで、いまの日本の豊かさや安全があるんですね。つまり、**身のまわりに投資があふれている！**

いろいろな投資がある

【個人の投資】
自分への投資／人（付き合い）への投資／家族・子どもへの投資
【会社の投資】
新人への研修／社内・社外イベント／新製品開発のための投資／工場への投資
【国の投資】
道路や橋や空港などの整備／学校（教育）／病院（医療）

すべては明るい未来、豊かさのため。つまり、みんなの幸せのため！

「毎日の投資」が、豊かさをどんどん増やしていく！

僕らが**投資に触れない日は一日もない**し、**すべての豊かさは「投資」からはじまる**んだ。

個人も、会社も、国も、明るい未来を信じてお金や時間を「投資」する。結果、社会が少しずつよくなっていく。投資なくして幸せな未来は存在しないといえる。

「小さな投資」から生まれた果実が、さらに「大きな投資」に向かっていくことで、豊かさや幸せはさらに大きくなっていく。

この投資のサイクルを図にすると、下の図のような感じになるかな。

なるほどー。投資が豊かさを生み、その豊かさが次の投資に向かうと、さらに豊かさが大きくなるんで

社会の豊かさの拡大

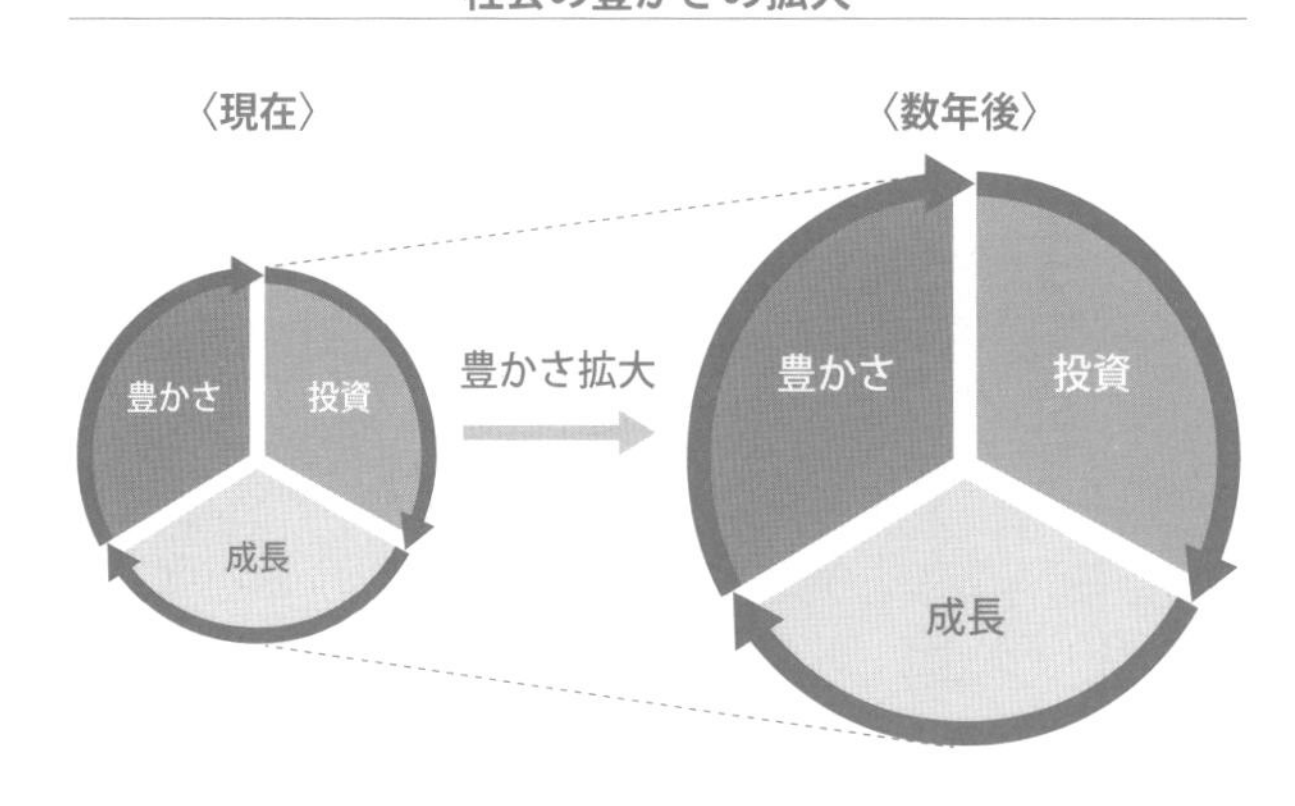

すね。

投資ってお金持ちの人だけの話じゃないんだ。決してあやしいものじゃなく、身近でポジティブなものだって気がしてきました！

そのとおり。投資を難しいものだと構える必要はまったくない。毎日、何らかの形で誰もがしていることなんだ。
いずれにしても、**投資は、よりよい世の中をつくるために欠かせないもの**だと覚えておいてください。

1日目まとめ

★世の中のあらゆることは「投資→成長→豊かさ」で成り立っている。
★個人・会社・国などが、いろいろな投資をしている。
★「投資→成長→豊かさ」のサイクルが拡大することで、よりよい世の中がつくられる。

ものすごく大切な「人的資産」という考え方。新入社員は1億円以上のお金持ちだった!?

「人的資産」は誰もが持つ安定した大きな財産だ！

みんなが持っている「人的資産」とは？

——「いま持っているお金」ではなく「これから稼ぐ、受け取るお金の総額」

さて、今日の講義では、「自分への投資」ってやつを考えていこうかな。

姫野さん、**「人的資産」**って言葉、聞いたことあるかな？

ん？ ジンテキシサン？ えーっと、わからないです……。

オッケー。そのほうが説明のしがいがある。

人的資産っていうのは、**その人自身の価値**のこと。

健康で働く意思のある人は、それだけで大きな資産を持っているんだ。これから社会人として自立したいと考えている姫野さんは、**じつは1億円以上の大金持ち**なんだよ。

は？ 私が1億円の大金持ち？

そんなわけないじゃないですか。学生時代にバイトで貯めたお金は卒業旅行に使っちゃったし、仕事用の服とか何かと物入りで、正直貯金なんてほとんどないですよっ。

いやいや。**人的資産は「いま持っているお金」じゃなくて、「これからどのくらいお金を稼ぐか」**ってことなんだ。

いま22歳の姫野さんがこれから40年くらい働いて、平均年収500万円とすれば、**合計で2億円くらい**かな。これから仕事や英語のスキルを上げてもっと稼げるようになれば、その額は3億円から5億円……いや、もっとかもしれない。

えーっ！　でも、たしかにすごい額になりますね！

資産を考えるときは、「目の前のお金だけ」に目を奪われてはいけない

そう。**先進国の人は、何千万円、何億円という、とても大きな人的資産を持っているんだ。**生活保護などの社会保障もあるし、仕事をリタイアした65歳以上の人でも、これから受け取れる年金の受給権があるからね。

だから**自分の資産を考えるときは、「銀行の預金額だけ」に目を奪われてはいけない。**

このような、人自身に価値があるという考え方を提唱したのがアメリカの経済学者、ゲーリー・ベッカー教授だ。ノーベル経済学賞もとっているよ。

あっ、経済学……。なんだか難しくなってきた。

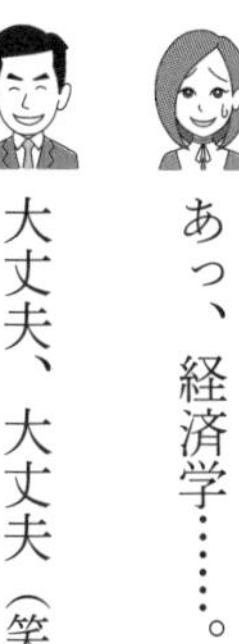

大丈夫、大丈夫（笑）。人的資産は**「将来の見込み収入の現在の価値」**という考え方だけど、

別に「人の価値をお金で判断しよう」っていう嫌らしいものじゃない。

・幼児期のしつけや読み書きを教わることの重要性
・人種や国籍によらない、教育の重要性
・男女を問わず、意思のある人の社会参加
・大人になっても、教育で人の価値は高まる
・人への投資で、社会がどんどん豊かになる

ベッカー教授は、こういったポジティブな教えを説いた人だ。いまでも教育の現場では大きな影響力がある。

「身分や性別や生まれなんて関係なく、明るい未来を信じて前向きに人材に投資をしていこう！」という彼の教えは、さまざまな形で人や社会に夢や希望を与えたんだ。

人的資産

人的資産＝将来の見込み収入の現在の価値

ゲーリー・スタンリー・ベッカー
（1930–2014年）
人的資本[1]分野の第一人者として1992年にノーベル経済学賞を受賞。人の能力は所与という考えを改め、**教育・訓練を受けるほど生産性は向上し賃金も増大する**とした。経済学の領域を雇用、賃金から、教育、家族、結婚、差別、犯罪などへ拡張した。

人的資産

投資
（教育・訓練）

人的資産の増大

注：1）「人的資産」について、経済学では「人的資本」という呼び名が一般的。
出所：インベスコ。The University of Chicago Press。

人的資産＝将来の見込み収入の現在の価値

「健康」で「働きたい人」は、すでにとてつもないお金持ち

そして、健康で働く意思のある人が**実際に社会に参加することで、その人は大きな人的資産持ちになる**んだ。その関係は、下の図のようになる。

おお。**「働きたい」「社会参加したい」**と**思っている人にこそ価値がある**ってことですね。逆をいえば、働けるのに働かないのは、せっかくの人的資産を活かしていないってことか。もしも日本人の多くがニートになってしまったら、日本にとってものすごい損失ですね。

人的資産と給料の関係とは？

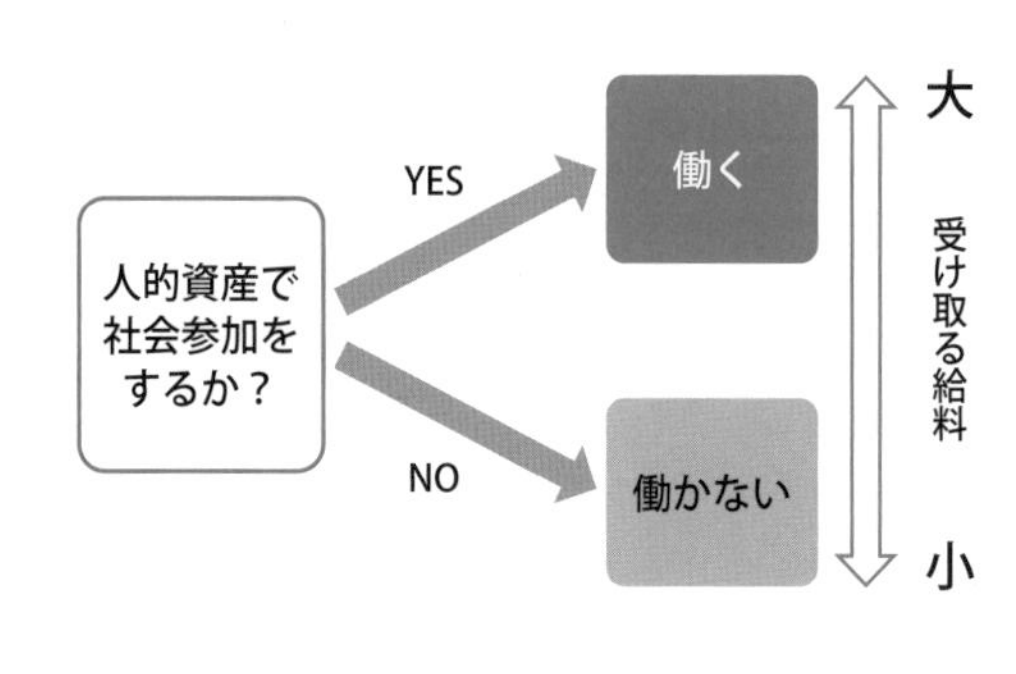

そうだね。みんなあまり認識していないけど、**ごく普通に見える人だって、人的資産という、とてつもない大きな資産を持っているお金持ち**なんだ。
この認識を持つことが、**実際のお金の運用を考えるときに大切な第一歩**になる。

自分の人的資産を計算してみよう

人的資産を理解するために、次のようなＡさんの例を考えてみようか。

公務員Aさん

30歳、市役所勤めで収入の安定している公務員。65歳まであと35年間働く予定。
その期間の平均年収は６００万円の見込み（現在の年収は４００万円、ピーク年収は50歳で８００万円を想定）

ふむふむ。Ａさんは公務員……ってことは仕事がなくなることはなさそう。
人的資産は「平均年収６００万円×35年＝２億１０００万円」でいいんですか？

基本的には、その考え方で合っているよ。

ただ、ここでは民法で定められている計算式を使ってみよう。

自動車の自賠責保険などで、事故で亡くなった故人の遺族にいくら保障を支払うべきかという考え方に「ライプニッツ係数」というのがある。これによって、**今後収入が見込める人の現在の合理的な価値**を求めることができるんだ。

人的資産額＝今後の平均年収予想×今後働く年数に該当するライプニッツ係数

なるほど。「その人の未来の価値を考える」っていう点で、生命保険の保障と人的資産の考え方って同じですね。

Aさんの場合は、平均年収６００万円で、あと35年働くわけだから「６００万円×21・５＝１億２９００万円」！

すごい、働いている人の価値って、やっぱり大きいんだ！

ライプニッツ係数表

（民法上の規定：割引率3%）

今後働く期間	予想平均年収にかける数値（係数）
5年	4.6
10年	8.5
15年	11.9
20年	14.9
25年	17.4
30年	19.6
35年	21.5
40年	23.1

出所：インベスコ。

「健康であること」が、人的資産のそもそもの土台となる

この計算式を使って人的資産を考えていくうえで、大事なポイントが2つある。

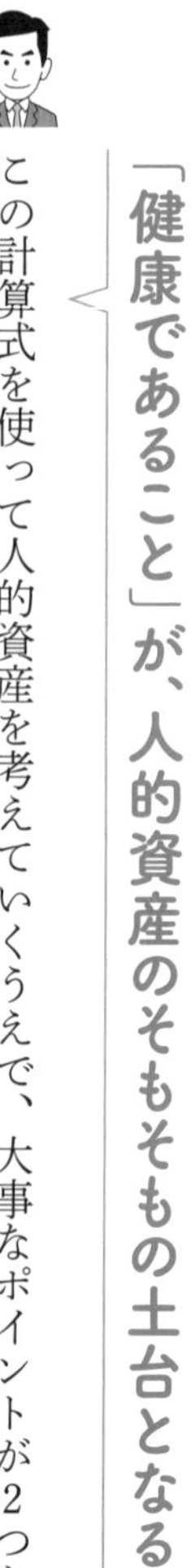

①細かく考えすぎないこと

将来の平均年収や働く期間は、あくまでも予測でしかない。転職や病気など、想定外の出来事が起こる可能性もあるため、現時点でわかる範囲で考える。**ざっくり考えておいて、人生に変化があったときに見直していく。**

②「健康であること」の大切さを肝に銘ずること

健康で働く意思さえあれば、世の中になんらかの仕事は必ずある。たとえ数ヵ月か1年くらい仕事を失うことがあっても、長い人生の中では瞬きをするような短い時間。まずは**「健康であること」が、大きな人的資産を持つ土台**といえる。

僕の祖父は「何よりも健康がいちばん大事」といつも言っていたけど、人的資産の視点か

らも本当にそのとおりだと思う。

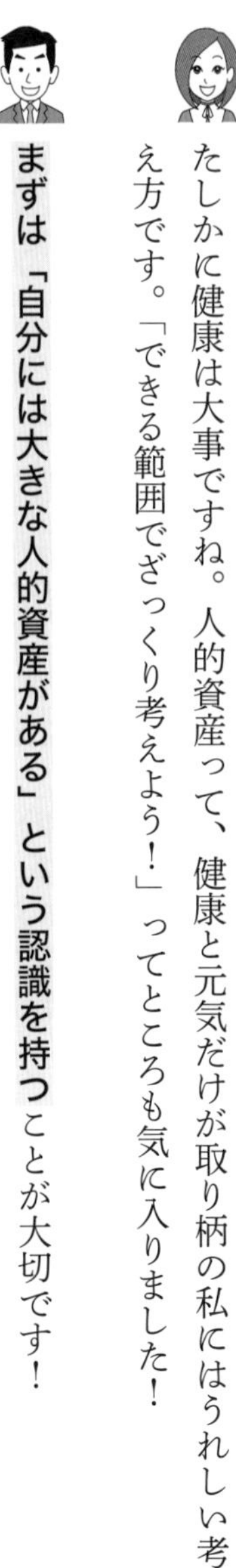

たしかに健康は大事ですね。人的資産って、健康と元気だけが取り柄の私にはうれしい考え方です。「できる範囲でざっくり考えよう！」ってところも気に入りました！

まずは「自分には大きな人的資産がある」という認識を持つことが大切です！

2日目まとめ

★個人の資産は銀行預金や持ち家だけではない。「人的資産（＝将来の見込み収入の現在の価値）」はみんなが持つとても大きな資産である。

★人的資産の試算は「ざっくり」でいい。

★人的資産の土台となるのは「健康」である。

まずは自分に「正しく投資」をして、「金融資産」より「人的資産」の運用から考えよう

「自分の豊かさ」と「社会の豊かさ」はつながっている

自分の給料が上がれば、まわりの人の給料も上がる
——社会はみんなの人的資産のかたまり

今日は姫野さんに質問です。
姫野さんは、給料が上がったら、どうしますか？

それは、うれしいですねー。ちょっとお高めなレストランにも行けるし、お洋服もバッグも靴も買える！　海外旅行も学生時代は台湾やグアムの近場だったけど、いつかはヨーロッパにも行きたいし！

給料が増えて経済的に豊かになるのは、とてもいいことだよね。**好きなものを買い、好きなことができれば、個人の幸せにつながる。**

そしてそれは、**自分だけじゃなく、まわりの人もどんどん幸せにする**んだ。

姫野さんがたくさん洋服を買ったり、レストランで食事をしたりすれば、使ったお金はそこで働く人たちの給料アップにつながるからね。

私が買い物をすれば、そのお店の人の給料が上がる……。じゃあもっと使わないと！

使いすぎには注意してね（笑）。

いずれにしても、**姫野さんの給料が上がるほど、ほかの人の給料も上がる**ということ。

つまり、**私の人的資産が上がるほど、他人の人的資産も上がる**ってことですね。

そのとおり。**社会はみんなの人的資産のかたまり**だから、誰かの給料が上がることは社会や国全体が豊かに、幸せになっていくことにかなり等しい。
だから、働いたり、自分の給料を上げるために自分に投資したりするのは素晴らしいことだし、そういう努力を応援する世の中は、どんどん豊かになっていくんだ。

お給料が上がることは、自分だけがいい思いをするわけじゃないんですね！
お金をたくさん稼ぎたいって自己中心的かなと思っていたけど、違うんだ。お給料を上げる努力にそんな意味があるなら、俄然、仕事に対するやる気が出てきました！

自己投資と社会の豊かさ

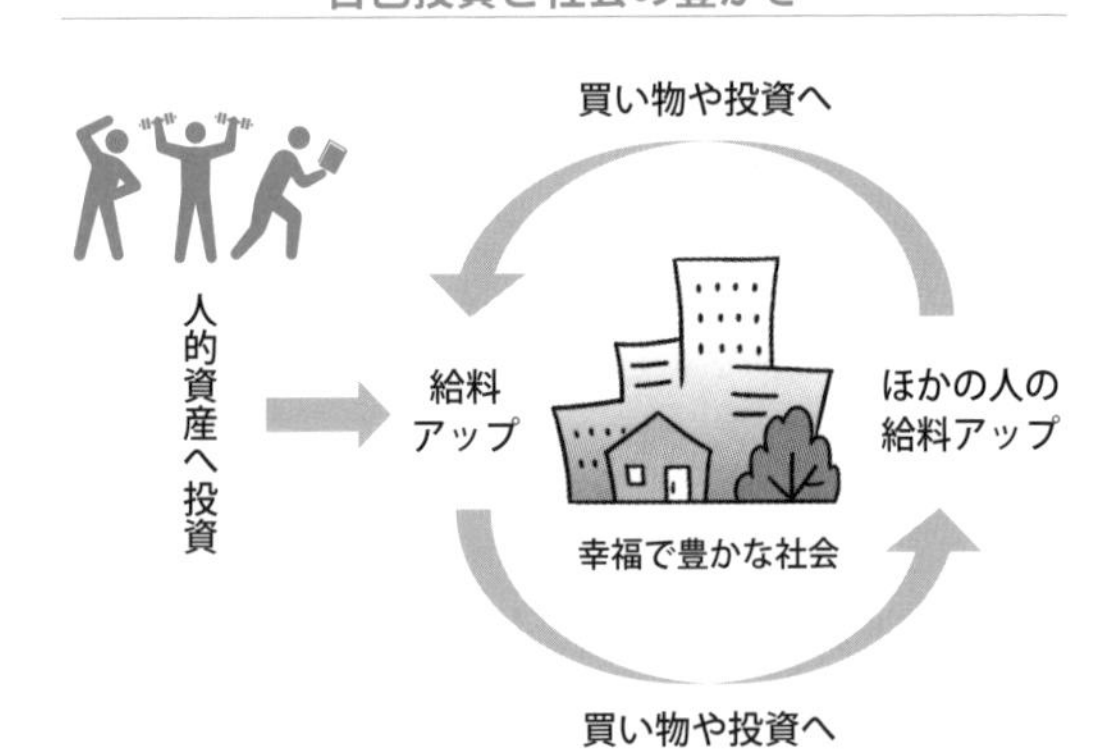

「人的資産の運用」のほうが「金融資産の運用」よりもはるかに効率がよく、重要——自分に正しく投資をして、きちんと人的資産を増やしていく

では、人的資産についてもう少し突っ込んでいこう。資産運用を考えるうえでは、とても大事なポイントだからね。

まず、人的資産はみんなが意識していないだけで、思っているより大きい。姫野さんはさっきのAさんより若くて働く期間が長いから……ざっくり**1億5000万円**としよう。

そして**自分への投資を続ければ、その大きな人的資産をどんどん膨らませることができる。**

もともとが大きいってことはとても重要だ。すでに大きいものを少し大きくするほうが、小さいものを大きくするよりも効率がいいからね。

たとえば、姫野さんが英語の勉強という自己投資をして給料を10％引き上げたとしよう。すると、姫野さんの人的資産は、**1億5000万円の10％、つまり1500万円増える**ことになる。一方、貯金をほぼゼロの状態から1500万円まで増やすのは大変なことだ。

1500万円の貯金なんて絶対無理です！　買いたいものもやりたいこともたくさんあるし！

そうだよね（笑）。
資産運用においてまず覚えておいてほしいのは、多くの場合、**人的資産の運用のほうが金融資産の運用よりもはるかに効率がいいし、重要**だということだ。
これは若い人だけでなく、たとえば50代で引退までの年数を考えはじめている人にとっても大切な考え方だ。
金融投資で安易にお金もうけをしようなんて考えるよりも、自分に正しく投資をして、きちんと人的資産を増やしながらマネジメントしていくほうが、はるかに確実だよ。

まず、自分の価値を高めることが大事なんですね。そのうえで自分に投資をして、お給料が増えて、たくさん自分へのご褒美を買うと、ほかの人のお給料も増える……。
つまり、**「自分への投資」が世の中をよくする**。まさにケイさんが言っていた「投資→成長→豊かさ」のループじゃないですか！

若年層の人的資産と金融資産のバランス

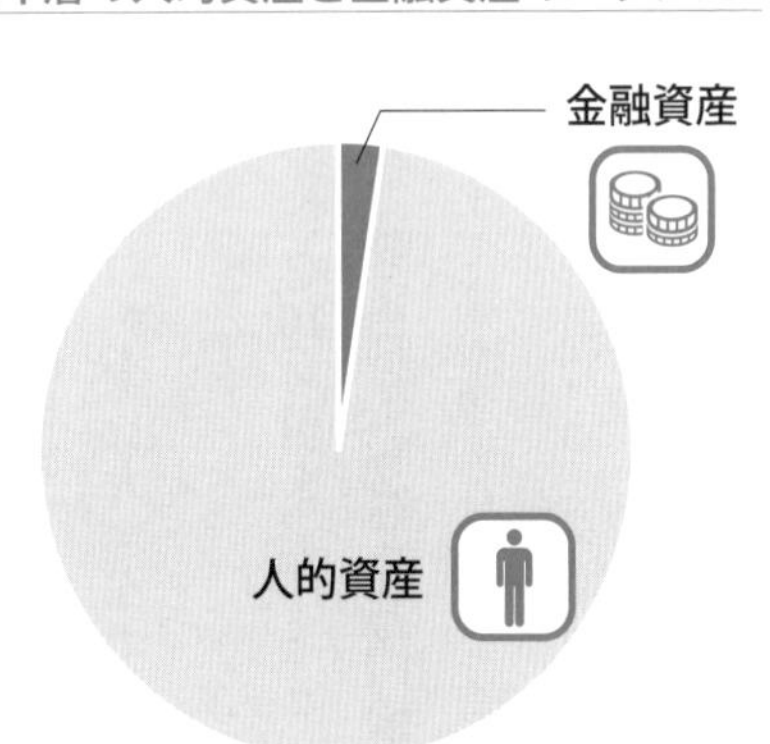

多くの場合、若年層の資産バランスはこのようになっている。

自己投資を考えるときの2大ポイントは？
――収入アップに必要なのは「これから」の「希少価値」のあるスキル

人的資産の増え方は、どんなことに自己投資をするかで決まるんだ。

私の場合、具体的には何をすればいいんですか？

それは姫野さん次第だけど、いまの時代でいえば、**外国語やプログラミングとかじゃないかな？** ポイントは、次の2つ。

自己投資を考えるときの2大ポイント

①先々に必要とされるスキルであること
②それをできる人がたくさんいないこと

これは私でもわかるかも。自己投資の投資先を何にするかってことですよね。

うん。猛勉強しても、それが世の中に必要とされていない知識だったら人的資産はほとんど増えないし、社会の豊かさにもつながらないからね。**自分が「やりたい」ことも大事**だから、流行りや権威に振り回されないでよく考えてほしい。**若い人が何に自己投資をするかを真剣に考えることが、豊かな世の中をつくっていく**からね。

私は英語をもっと勉強して、旅行でも仕事でも、ペラペラ話せるようになりたいと思っています！

応援します！　正しい努力が報われる世の中というか、人の**人的資産の高まりに応じて給料が上がる社会の風土**も、豊かで幸せな世の中には大切なことだよね。

パートナーは「人的資産へ投資している人か」で選べ！

さて、ちょっと話題が変わるけど、姫野さんは合コンとかによく行く？

えへへ。私どちらかというとパリピ系だから、わりとよく……じゃなくて、人数が足りないからって誘われて、付き合いで何度か……はい。

はは。では、もし数年後に**結婚を考えるようになったら**、どんな相手がいいと思う？

やっぱり自分と価値観が合う人がいいです。社交性や性格、友人との関係性も大事かな。結婚となれば将来の生活も想像するから、**相手の人生設計を聞いてみたい**なあ。それから……ちょっと腹黒いかもしれないけど、**経済力も大事**かな。

つまり、**相手の人的資産をイメージする**ってことだね。パートナー選びで必ず考えるポイントだと思う。これは日本にかぎった話じゃなくて、世界中どこに行っても同じ。

ですよね！　私、お金持ちだとか学歴だとかを自慢する人は大嫌いですけど、夢があって、そのためにがんばっている人は素敵だと思います。
あっ、つまり**人的資産を高めようとしている人が魅力的**ってことか！

うん。**現時点でお金持ちじゃなくても、一緒に明るい未来を考えられるのは大切**なことだし、楽しいことだよ。

というわけで、**誰しも無意識に人的資産について考えている**という例として、パートナー探しの話をしてみたんだけど、人的資産、なんとなくわかったかな？

わかりました！　これからの合コンは相手がイケメンかどうかじゃなく、自分の人的資産を増やそうと努力しているかどうかを真剣に見るようにします！

3日目まとめ

★自分への投資が、自分を豊かにする。
★個人が豊かさや幸せへ向かって努力すると、社会全体も豊かになっていく。
★自己投資先のポイントは、①先々に必要とされ、②希少性があること。

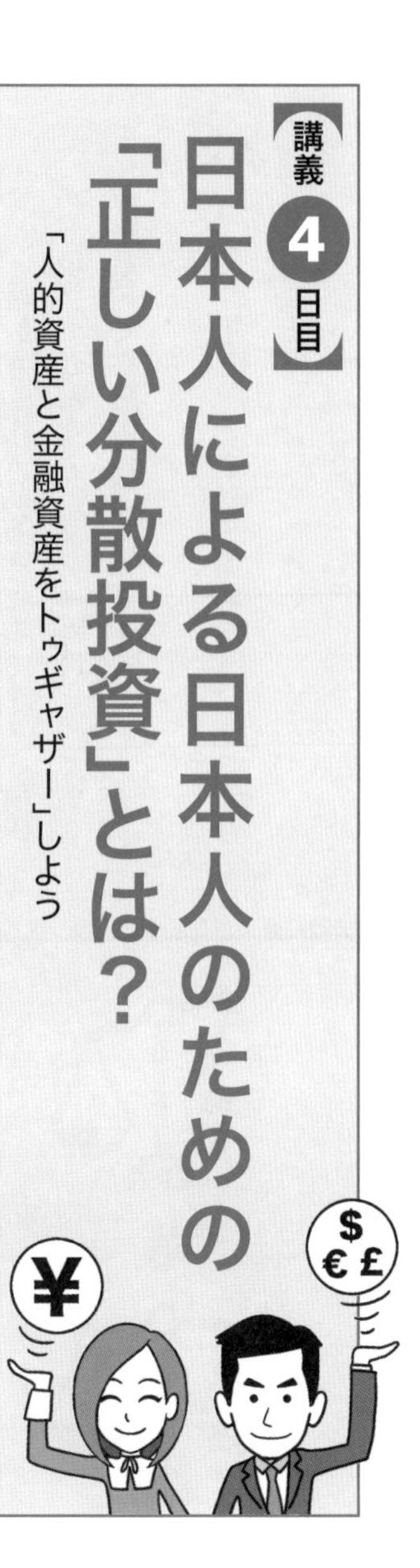

【講義4日目】

日本人による日本人のための「正しい分散投資」とは？

「人的資産と金融資産をトウギャザー」しよう

自分の「人的資産」がどう分散されているかを考えてみよう

今日は人的資産の話を進めながら、金融資産の運用についても少し触れていこう。

結論からいうと、金融資産への投資を考えるときは、**人的資産では補えない分野や、自分の仕事では手が届かない場所にお金を振り向ける**ことがとても大切なんだ。**自分も資産、お金も資産だから、2つの資産をトータルに考えていく**ことが必要になる。

ところで、姫野さんは**「分散投資」**って聞いたことあるかな？

ふふふ。私だって分散投資くらいは聞いたことがありますよ。
そう、あれです、あれ。「卵をひとつのカゴに入れるな」っていう有名なたとえ話！

そのとおり。先々のことはわからないから、いざというときに困らないために、**自分の大事な資産をいくつかに分けて保管しておこう**という考え方が分散投資だ。別の言い方をすると、**「バランスをとろう」**ってことだね。
では、姫野さん の人的資産である1・5億円が、現状でどんな「バランス」になっているかを考えてください。

私の人的資産の中身のバランス……ですか？
そんなこと考えたこともないんですが、いったいどういうことでしょう。

分散投資

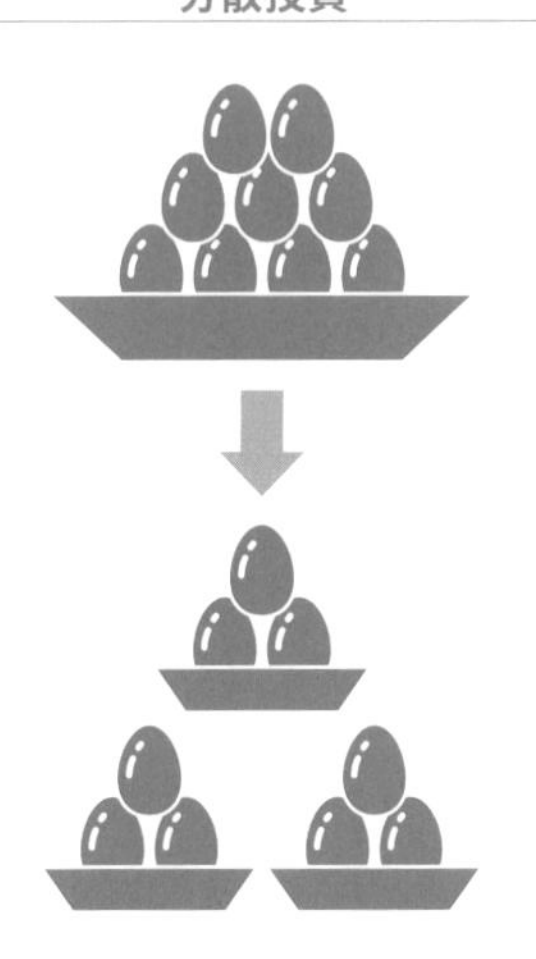

分散投資＝かたよったバランスを整える

うん。ほとんどの人は考えたことがないと思う。

この人的資産は、姫野さんが将来もらえる給料に関係するので、**このお金の出どころ、つまり「お客さんが誰なのか」を考えることがスタート**だ。あるいは、**姫野さんの給料が何で決まるのか**でもいい。

ということは……うーん、ダメだ。わからない。
「私の会社のお客さん」って、誰なんでしたっけ？

あなたの「収入の源泉」は、「国内」「海外」どこから出ている？
——「お客さんが誰なのか」「給料が何で決まるのか」を考える

姫野さんはまだ新入社員だから仕方ないか（笑）。

じゃあ、まずは僕の例でイメージしてもらおう。

僕は新卒で日本の金融機関の資産運用会社に入り、日本のオフィスで、日本株の資産運用の仕事を、日本語でおこなっていた。その会社のお客さんはほぼ１００％日本人だったから、僕の給料はすべて日本のお客さんからもらっていたといえるね。

つまり当時は、**日本経済が豊かになるか否か**で、そして**日本の金融業界で働いている人の比較感の中**で、僕の給料が決まっていた。

ここまでは大丈夫かな？


ふむふむ。ちょっとわかってきました。

国内・海外で分けたとき、ケイさんの当時の人的資産は**100％国内**だったということですか？

そのとおり。それから20年ほどたった現在、僕は外資系企業にいて、会社の母体はアメリカやヨーロッパの経済により強く影響を受けている。業務の多くは英語だし、僕と一緒にビジネスをやっている人の半分が外国人で半分が日本人だ。
こうなると、**日本経済や日本の金融業界の中ではなく、世界経済や世界の金融業界の中で僕の給料が決まってくる**。

ってことは、いまのケイさんの人的資産は、日本と海外が半分半分っていう感じですか？

まあ、そんなところだね。

自分の「人的資産」が日本100％なら、「金融資産」は日本以外に回すのが基本

さて、新入社員の僕と、いまの僕の人的資産のバランスがわかったよね。新入社員の頃の僕に、金融資産が銀行預金で５００万円あったとしよう。この５００万円をどうすべきだろう。

えーっと、新入社員のケイさんは日本の経済から１００％お給料をもらっていたから、**500万円は、日本以外の経済に関連する資産に分散投資をする**のがバランス的にはいいのかな。

あれ、でも全部海外にしてしまっていいのかな？　ちょっと危ない気もしますけど。

正解。僕の当時の人的資産は日本１００％で、姫野さんと同じく1億円以上はあったと思うから、５００万円の預金は日本以外の金融資産にしておくのがバランス的に正しい。

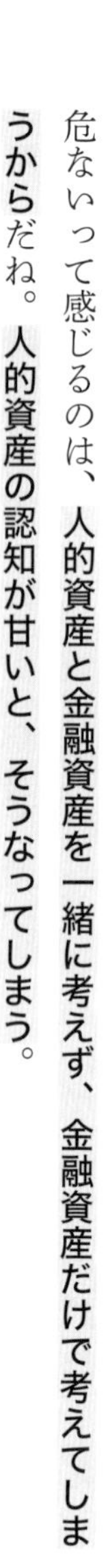

危ないって感じるのは、**人的資産と金融資産を一緒に考えず、金融資産だけで考えてしまうから**だね。**人的資産の認知が甘いと、そうなってしまう。**

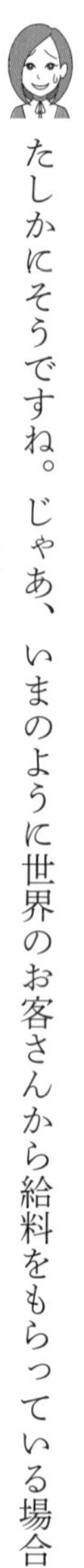

たしかにそうですね。じゃあ、いまのように世界のお客さんから給料をもらっている場合は……ええっと、どうすればいいんだろう。

自分の「人的資産」と「金融資産」を合体させて考えよう！
――「自分」と「世界での日本の立ち位置」を知れば、正しい資産運用ができる

現時点では、人的資産が国内と海外にあるから、もう少し深く考えるべきだね。
たとえば、世界における日本の経済規模や、日本と世界の今後の先行きとか。
間違っていてもいいから、ちょっと考えて、いまの僕に分散投資のアドバイスをしてくれるかな？

うーん。これは難しいなぁ。世界経済のことは自信がないし、そもそもケイさんのこともよく知らないですから。

お、いまとても大事なことを言ったかも。ある意味で正解！

正しい資産運用のアドバイスには、**個人の人的資産の中身のバランスを把握したうえで、世界における日本の立ち位置を理解することが必要**なんだ。このあたりは、今後の講義で少しずつ説明していくね。

よくわからないけど、正解したんですね（汗）。

いずれにしても、手元にある金融資産だけで資産運用を考えるのはよくない。

そして、個人の収入の源泉と根本的に異なるところに金融資産を配分することが、資産運用の軸になる。

つまり、**金融資産は「人的資産の分散」、すなわち人生のバランスをとるために活用する**ということになる。

2つの資産を合体させる

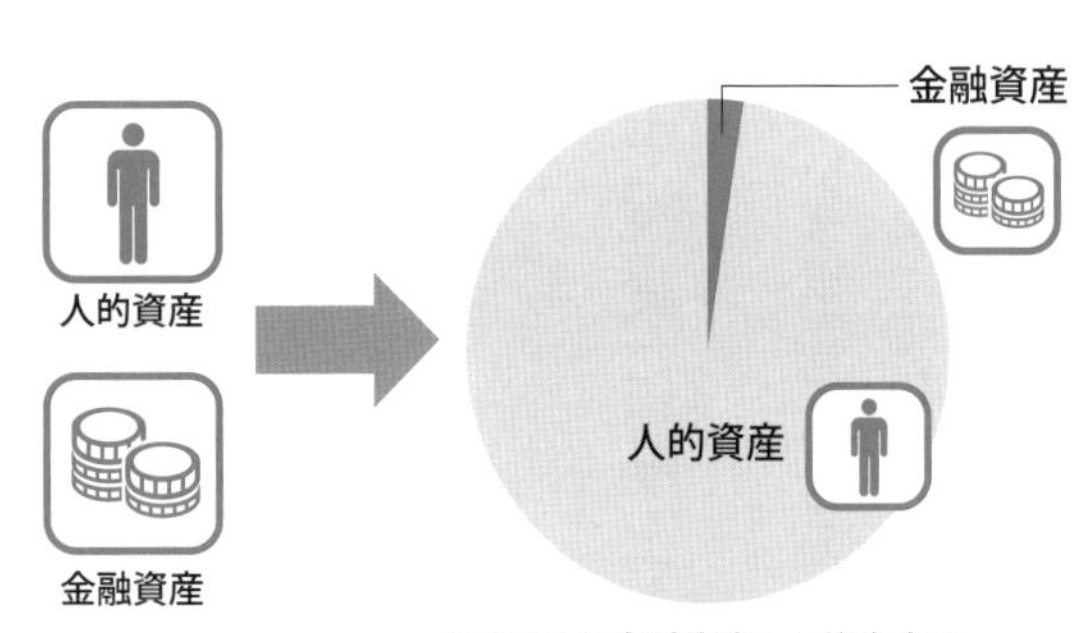

多くの人の金融資産と人的資産の割合のイメージ

あっ、頭がパンク気味ですけど、私が思っていた金融資産の配分イメージとだいぶ違うかも……。

そう、**資産運用の大事なステップは、「ユーの人的資産と金融資産をトゥギャザーしようぜ！」**なんだ。

危険！ ほとんどの人は「日本への意図せぬ超集中投資」に陥っている

でも、**多くの個人向けの投資の指南書には、この「人的資産」という概念そのものや、それを国内と海外について考えていく思考が、すっぽり抜け落ちてしまっている**のが現状だ。

数学・統計を駆使した分散を考える理論は、お金だけの世界を中心にしているので、個人の資産運用を考える出発点の道具としては不完全。また、ギャンブル的な投資は、バランスや分散という視点がまったくない。

はい。なんとなくわかります。

そして少なからぬ人が資産運用で取り返しのつかない間違いを起こしてしまうんだ。
実際、僕が見てきたほとんどの日本人は、**人的資産の意識ゼロで金融資産の運用を考える。**
その結果、**「日本への意図せぬ超集中投資」をして、とてもバランスの悪い人生を過ごしてしまう。**

「日本への意図せぬ超集中投資」……ですか。「意図せぬ」と「超」っていうのが、なんとも危なそうですね。

日本で教育を受けて、日本の会社で働いて、日本人がお客さん（収入の源泉）というような人……以前例にあげた公務員のAさんなら、**人的資産は100%日本**だといえる。
Aさんの金融資産は「日本以外」に投資していかないと、ポートフォリオとしてバランスが悪い。だけどほとんどの人は、**「日本円で預貯金を持つことが最も安全」**だと無意識に**思い込んでしまっている。**

アメリカは投資の考え方において「超特殊な国」、その理由は？

さっきは私も人的資産のことを考えていなかったから、海外資産を持つのは危ないんじゃないかって思ってしまいました。
人的資産の概念って大切なのに、あんまり聞かない気がします。なぜですか？

金融先進国のアメリカで、人的資産を国内・海外に分けて考える概念が重要じゃないからだろう。投資を考えるにあたって、**アメリカは非常に特殊な国**なんだよ。

アメリカは特殊……なぜですか？

アメリカは世界一の経済大国で、母国語は世界の共通言語である英語。**人的資産ははじめからグローバル**だ。また、自国のアメリカ株だけを買ったとしても、それらの多くはアメリカ企業というよりグローバル企業なんだ。
だから、**人的資産の国内外の概念をすっ飛ばして自国の金融資産を保有するだけで、結果的にいい感じの国内外のバランスになっている特殊な人たち**なんだ。

これを経済規模が大きくなく、言語が英語でないアメリカ以外の国、たとえば日本やフランス、あるいはもっと経済規模の小さなスイスやスウェーデンでやってしまうと大問題。かなりかたよったポートフォリオになってしまう。

たしかに、自分自身のことを考えずに金融資産だけで考えるっていうのは、よくない感じがします。

アメリカは、投資においてはいろいろな面で進んでいるから、姫野さんもアメリカ発の考え方をこれからいろいろと勉強すると思う。しかし、**アメリカで生まれたアメリカ人のためのアドバイスを鵜呑みにするのは、他国の人にはとても危険**だ。それにアメリカ人向けに人的資産を説いたアプローチは、グローバルな視点が欠けていることにも注意が必要だ。
僕もアメリカに住んで仕事や大学院でアメリカ人から投資を学んでいたときに「言っていることはわかるけど、なんだかしっくりこない」と感じることが多かった。
その後、いろいろな国の人と資産運用の議論をして、やっと**「ああ、アメリカ人だけが特殊だったんだ」**と気づくことができた。

はいっ。気をつけます。私の場合、アメリカのやり方すらよく知らないので、いまのとこ

ろは大丈夫そうですね（笑）。

日本人のための資産運用、「2つの基本ステップ」とは？

というわけで、日本人が正しい資産運用をおこなう順序は、次のようになる。

先に人的資産、次に金融資産を考えるんだ。人的資産は人それぞれ固有の資産で、多くの場合とても大きな額になる。

そして**金融資産の役割は、人的資産のかたよりを修正して、バランスをとること**だ。お金をもうけるためじゃなくてね。

えっと、ここにある「世の中の話」というのは、前に習った「投資→成長→豊かさ」のサイクルの話ですか？

資産形成を考える

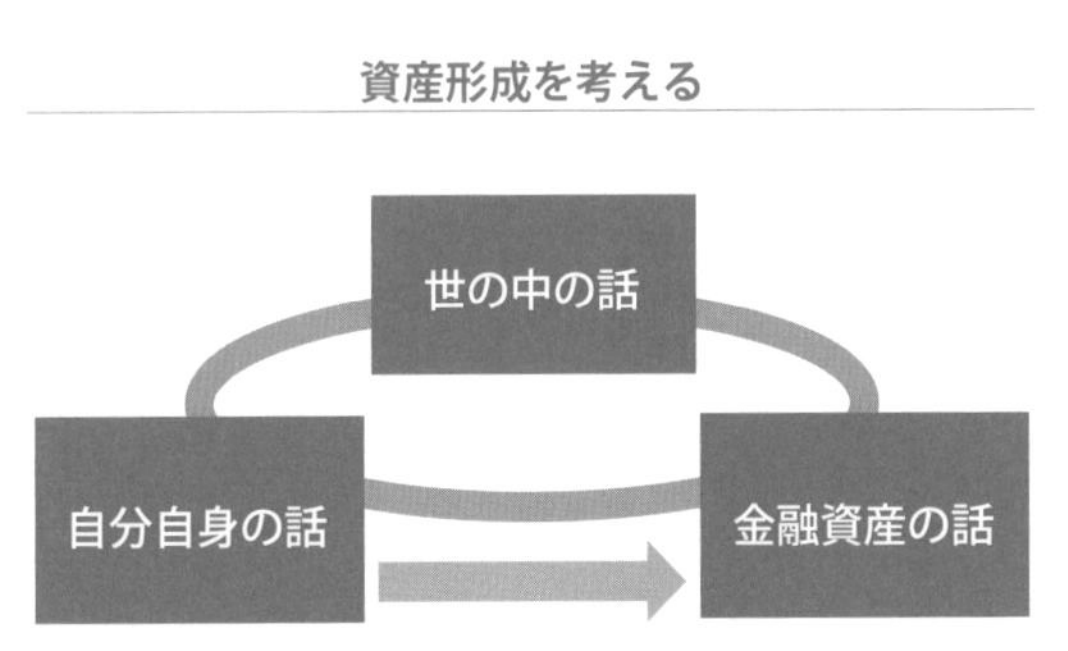

自分と世の中を踏まえ、金融資産を考えよう！

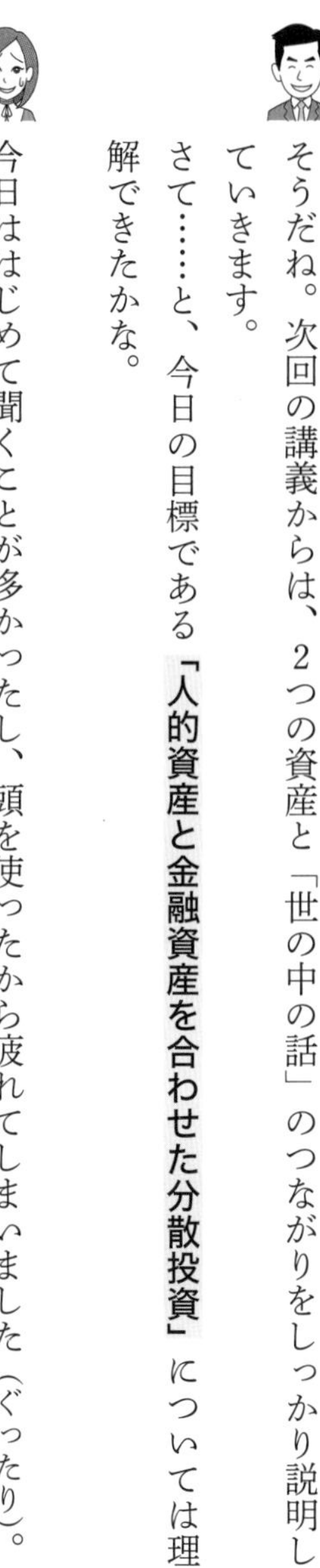

そうだね。次回の講義からは、2つの資産と「世の中の話」のつながりをしっかり説明していきます。

さて……と、今日の目標である**「人的資産と金融資産を合わせた分散投資」**については理解できたかな。

今日ははじめて聞くことが多かったし、頭を使ったから疲れてしまいました（ぐったり）。でも、本当の意味での分散投資とか、アメリカの受け売りがダメだとか、勉強になりました。今日から「ミーも人的資産と金融資産をトゥギャザー」して考えます！

4日目まとめ

★自分の人的資産の国内・海外のバランスを把握する。

★金融資産の投資を考える前に「人的資産と金融資産をトゥギャザー」する。

★金融資産は自国にかたよりがちな「人的資産の分散」のために使うのが基本。

【講義5日目】

いったい、どこに投資すればいいの？ 日本の「本当の姿」を知っておこう

住むには最高の国だが、投資には……。世界にも目を向けよう

日本が持つ「5つの素晴らしい強み」を知ろう

今日は日本人に合った資産運用を考えるにあたって、世界と日本のことを学んでいこう。視野を広くしないと、日本人に資産運用のアドバイスなんてできないからね。

今日は世界と日本ですか。なんだかグローバルになってきましたね！

まず伝えたいのは**「日本は本当に素晴らしい国」**だということ。

これは声を大にして言いたいね。僕は海外に10年くらい住んで、仕事やプライベートで30ヵ国以上を訪れたけど、**本当に日本は奇跡のような国**だと思う。

海外に住んだことのない私でも、日本が恵まれた国だというのはわかります。テレビ番組で外国人旅行者のインタビューを見ると、「日本人はマナーがいい」とか「日本人は親切だ」なんてほめてくれますよね。日本に行くのが夢だっていう外国人もいるようだし。アニメや漫画だけじゃなく、外国から見ると日本にもいろいろな魅力があるんだなって。

そうだね。僕は**とくに生活に密着する5つの点で、日本はひょっとすると世界一の国**だろうと考えている。下の図のとおりだが、ひとつずつ見ていこう。

ふむふむ。**「安全」「健康」「サービス」「インフラ」「文化」**ですか。

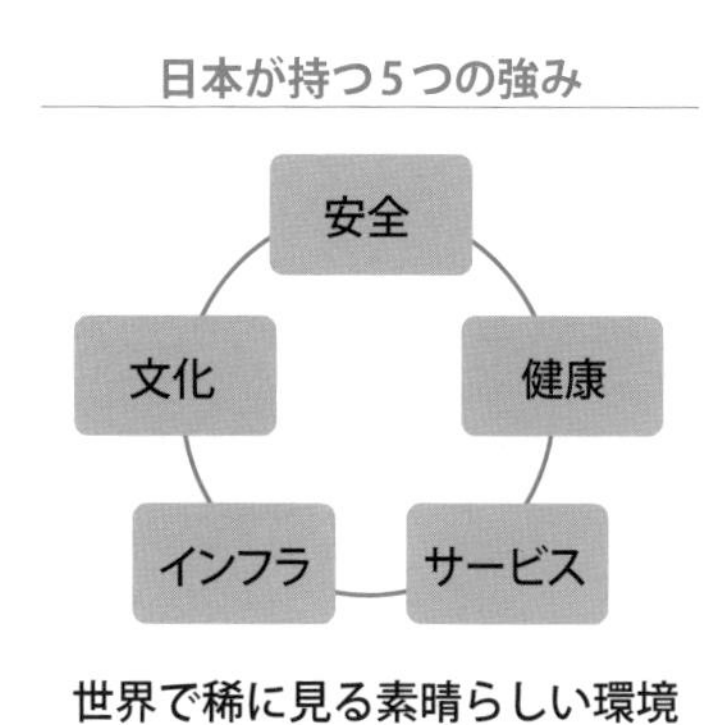

「安全」のない生活は幸福度が下がる

❶安全

まずは**「安全」**。

僕が見てきた中では、**日本は世界一安全な国**だと思う。命あっての人生だし、家族がいる人にとっては、安全であることは最優先の問題かもしれないね。

日常生活で安全が脅かされると、幸福度はものすごく下がる。

僕は外国で、バスの中でカバンを切られて財布をすられたり、買ったばかりの自転車をたった10分で盗まれたりという経験がある。それからはバスに乗るたびに、また自転車に鉄格子みたいなチェーンがかかっているのを見るたびに、心にぐっとストレスがかかって、毎日の幸福度が下がるのを感じた。

怖いっ！　ケイさん、そんな経験をされているんですねえ。

一方、**日本は「小学生がひとりで学校に安全に通える」世界でただひとつの国といっていいだろう。**

うちの息子も小学校1年からひとりで通学しているけど、アメリカでもイギリスでもフランスでも、親は子どもを校門まで送る義務がある。

日本で若い女の子が夜中まで街で遊んでいるのを見て、外国人がびっくりするって聞いたことがあります。安全が当たり前って、とてもありがたいことなんですね。

❷健康

次は**「健康」**だ。
ランキングはちょこちょこと入れ替わるにしても、日本は**世界で最も長寿な国**のひとつといえるだろう。健康寿命もとても長い。
人的資産の解説でも話したけど、**人生で最も大切なことのひとつは健康だ**。昔、中国を統一した皇帝の望みは不老不死だったけど、日本はその夢に最も近づいている国かもしれないね。

❸サービス

次は**「サービス」**。つまり「オモテナシ」だね。

日本では、レストランでもホテルでも、世界トップレベルのホスピタリティを受けられる。

しかもチップなしでね。

海外では、たくさんお金を払えばいいサービスを受けられるけど、普段のサービスについては、だいぶバラツキがある。

日本は食事のレベルも世界一といっていいかな。食べることは人生の大きな楽しみのひとつだろうから、ここが満たされている日本は、本当に幸せな国だと思うよ。

市販のお菓子だって、日本はすごくレベルが高いですよね。

❹インフラ

次に、道路や鉄道などの**「インフラ」**だ。これが日本は本当にすごい。

日本全国、どこの道路を車で走っても快適だ。鉄道が遅れずに定刻どおり発着する国は、日本とスイスくらいだと思う。

インフラは毎日の生活の土台だから、これがしっかり整っていることは豊かさや幸せを底上げしてくれる。

蛇口をひねれば、どこでもきれいな水が出てきますしね。
いいぞ日本！　すごいぞ日本！

❺文化

最後に**「文化」**だ。
たとえばシンガポールは、いま挙げた4つの点はかなり整っているけど、新しい国であるがゆえに文化の深みが浅い。**京都のような歴史ある街や建造物、老舗の旅館や企業**も少ない。独自の美術や音楽などの芸術もそうかな。

たしかに、日本って誇れる文化がたくさんありますね。

若いうちは新しいものに魅力を感じるかもしれないけど、年をとるにつれて、深みがあったり、バラエティがあったりと、**文化レベルが高い環境に幸せを感じる**ようになる。
この点でも日本は秀逸だ。四季があることも精神的な豊かさにつながっているのかもね。
……と、日本のお国自慢を並べてみたけど、やっぱりつくづく、すごい国だなと思うよ。

母が以前、「あなたは日本に生まれて幸せなのよ」と言っていましたけど、私も改めてそう気づかされました！

というわけで、**日本は住んで生活するには最高の国、というより世界一の国**だと僕は思う。

私も同感です。日本人でよかった！

日本の「弱み」も直視しよう
住むにはとても素晴らしい国だが、投資がうまくいってない国でもある

でも、下の図を見てください。これは国際的な調査会社の分析だ。

がーん。**日本経済の成長率がすごく低い**……。

日本経済の低迷とか少子高齢化とか、いろいろ言われているのは知っていますけど、改めて見ると結構ショックです。

経済の成長率って、やっぱり自分た

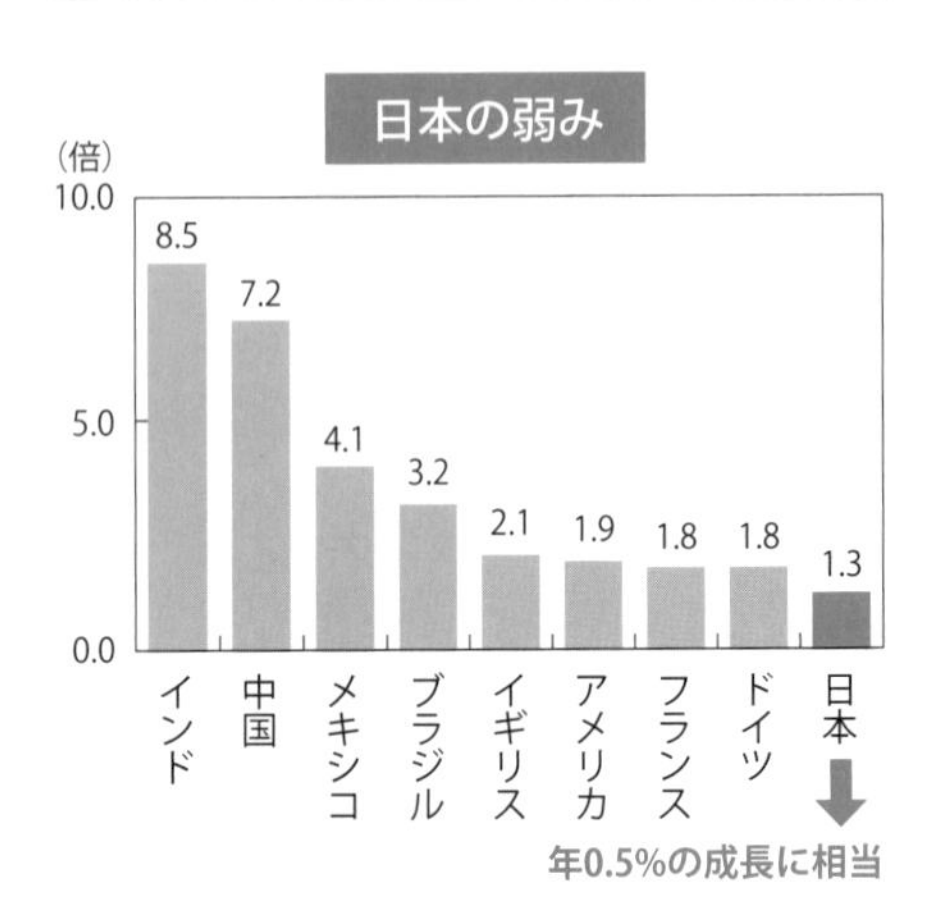

出所：HSBC The world in 2050よりインベスコ作成。

ちのお給料や生活に関係すると思うから……。

いろいろな調査機関が予測を出しているけど、日本の経済の成長率の予想はおしなべて低いかな。

背景はいろいろあるけど、端的にいうと**「投資→成長→豊かさ」という例のサイクルがうまく回っていない**からだ。子どもへの投資から、経済での投資まで、すべて含めてね。

じゃあ、次は**世界の人たちの「賃金の推移」**を見てみよう。

さらに、がーーん。これはひどい。お給料が増えない時代とは聞いていましたけど、ショックなグラフですね。

世界の実質賃金の推移

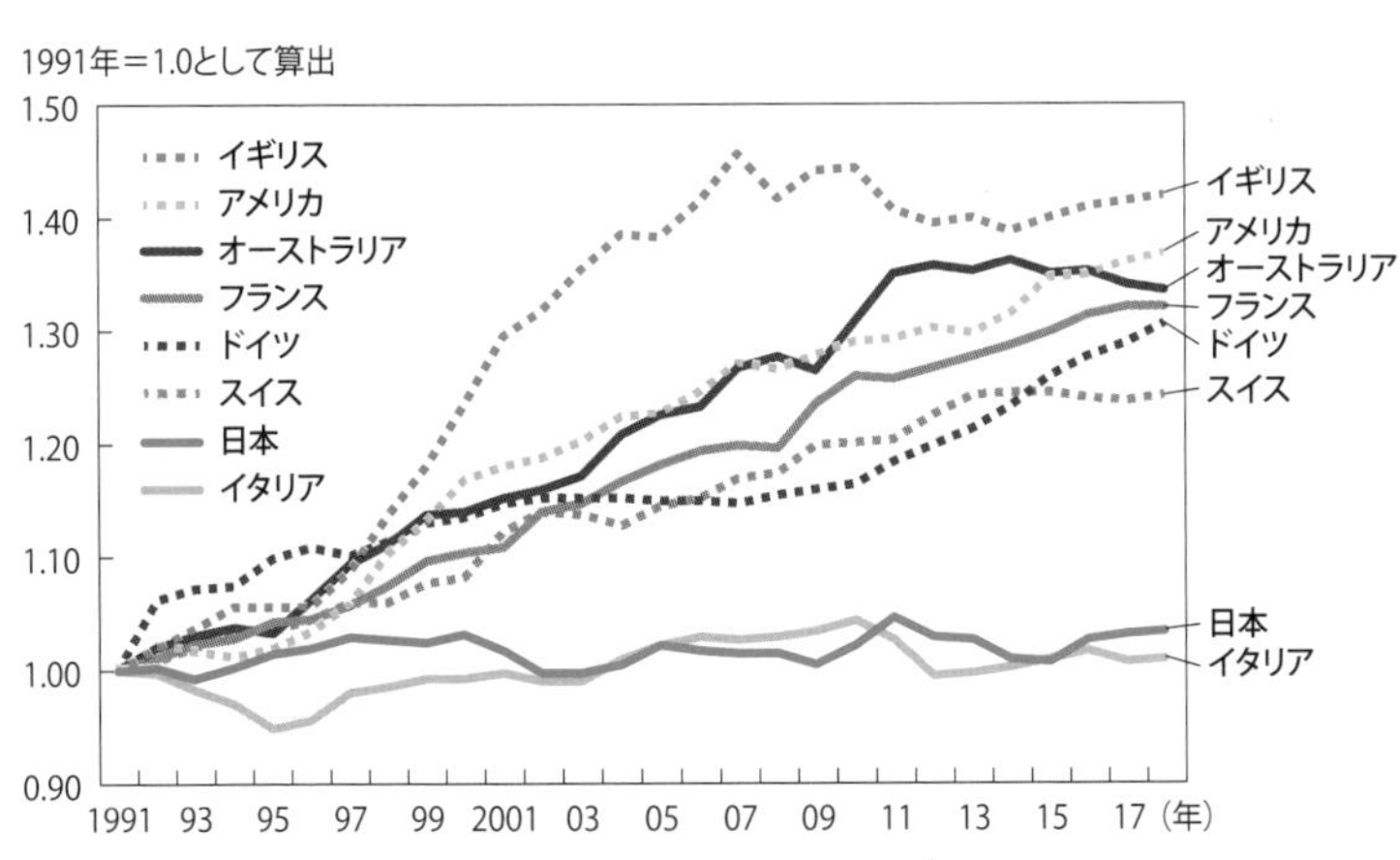

出所：OECD. Stat。フルタイム労働者換算、2018年の物価を基準とした実質賃金。1991年から2018年のデータ。

そう。みんなの給料が高くなることの大切さは前に伝えたとおりだ。自分の給料は、他人の給料になるからね。じゃあ、なぜ日本の給料が増えていないんだと思う？

やっぱり**「投資↓成長↓豊かさ」のサイクルが、ほかの国より上手に回っていない**からでしょうか。きちんと投資がおこなわれて豊かさにつながっていれば、こんな状態にはならないと思います。

そのとおり。ということで、**住むにはとても素晴らしい国だけど、投資がうまくいってない国**、それが日本ってことになる。

昭和の時代は「日本の枠組みの中でがんばる」「日本への集中投資」が正解だった

でも、経済の状況は時代とともに変わってきたんだ。次ページのグラフを見てみよう。

おっ、日本すごい！　経済の成長率も高いし、株価も世界より上がっていますね。これは私が生まれる前ですね。有名な**バブルの時代**も入っていますか？　派手な女性が、夜な夜な踊っていたという。

それは、この時代の終盤だね。**この期間、日本への投資はおしなべて大きな成長と豊かさをもたらした。**

世界全体よりも経済がぐんぐん伸びて、株も上がって、という時代だったからね。**当時は人的資産も金融資産も、すべて日本に集中させることが豊かになる近道**だった。日本人がそれを意図していなくてもね。

うらやましい……。

一生懸命勉強して日本の学校へ進学する。日本の会社に入って、夜遅くまで

日本と世界の経済と株価（1970～1988年）

昭和時代後期

(%)

	経済の成長（年平均）	株価の上昇（年平均）
日本	17.4%	22.4%
世界	11.6%	9.3%

日本への超集中投資が正しかった

出所：Bloomberg、世界銀行、インベスコ。すべて米ドルベース。経済成長は名目GDP値。世界株式はMSCI World指数、日本株式はTOPIX指数。1970～1988年。

残業して働く。そして持ち家という形で日本の不動産を買い、価格が上がりつづける。日本の金融資産も株高や高金利の恩恵で増えつづける……。これが**昭和の日本でみんなが体験した成功モデル**だったんだ。

昭和の時代は、「日本の枠組みの中でがんばる」のが正解だったんですね。

日本への投資は、外国人にとっても成功の道だったんだよ。

当時、欧米のグローバル企業のエリートは、みんな日本の支社長をやりたがった。経済が成長している日本では結果が出しやすいからね。**日本の経済に関する仕事をして、金融資産も日本へ投資することが、世界中の人にとっても、お金持ちになる近道だった**わけだ。

この時代って、日本人にとっては、日本のことだけ考えてればいいっていうか、すごくシンプルだったんですね。

平成の時代に「日本人がすべきだったこと」とは？

では、姫野さんが生きてきた、その後30年のグラフを見てみよう。

がーーん。なんとなく予想はしていましたけど、**完全に世界と逆転**してしまっていますね……。

そうだね。でもこれが現実でもあるんだ。
先進国になったあとにさらに豊かになっている国もたくさんある中で、平成における日本の経済成長率は、残念ながらとても寂しいものになってしまっている。

日本と世界の経済と株価（1989～2018年）

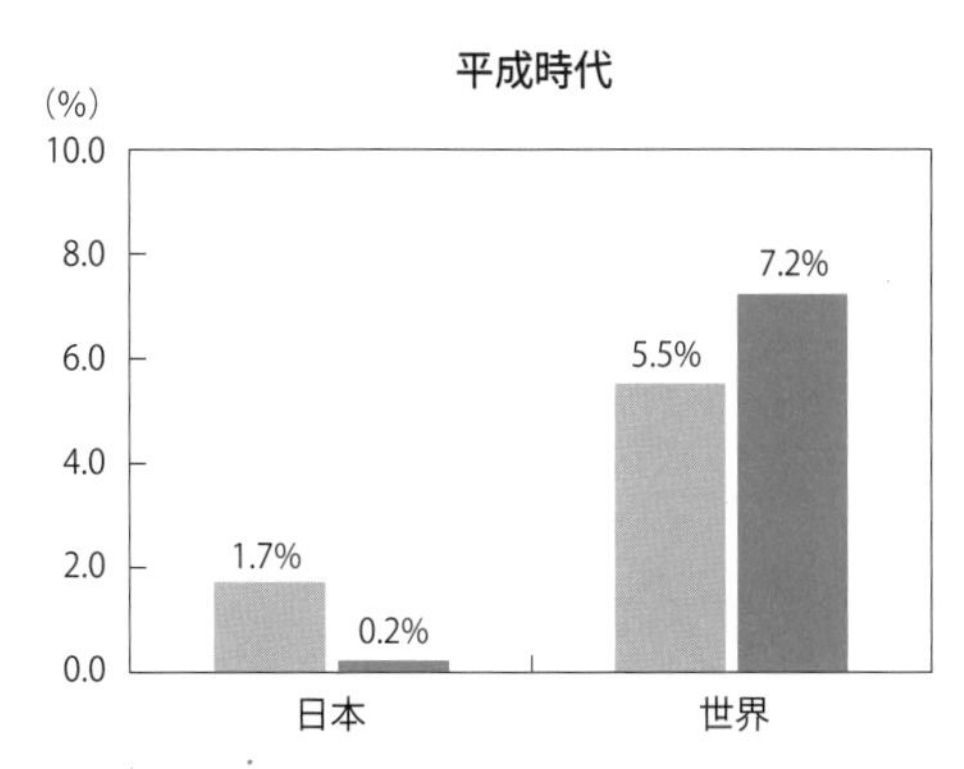

平成時代はグローバルへの投資が正しかった

出所：Bloomberg、世界銀行、インベスコ。すべて米ドルベース。経済成長は名目GDP値。世界株式はMSCI World指数-配当込み、日本株式はTOPIX指数-配当込み。1989～2018年。

過去の世界における、日本の経済規模の比率も見てみようか。

ががー！ーん。絶好調の前半と、絶不調の後半……。きれいな山の形になってしまっています（涙）。

このグラフの前半では、日本はアメリカなどの西側諸国に属しながら高成長をした。後半は、日本が伸び悩む中、新興国の経済がどんどん伸びて、世界全体での日本の比率は下がっていったね。
でも、それでも日本は世界3位の経済規模で、ドイツやフランスやイギリスなどの名だたる主要国より大きい経済を持つ国だ。だから自信を失うことはないよ。

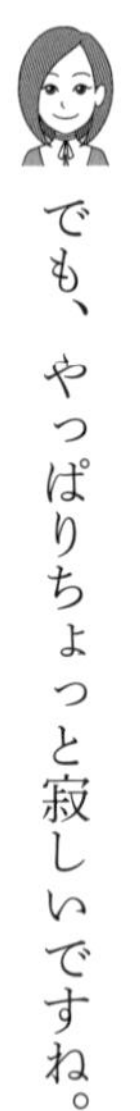

でも、やっぱりちょっと寂しいですね。

世界のGDP規模に占める日本のGDP規模の割合

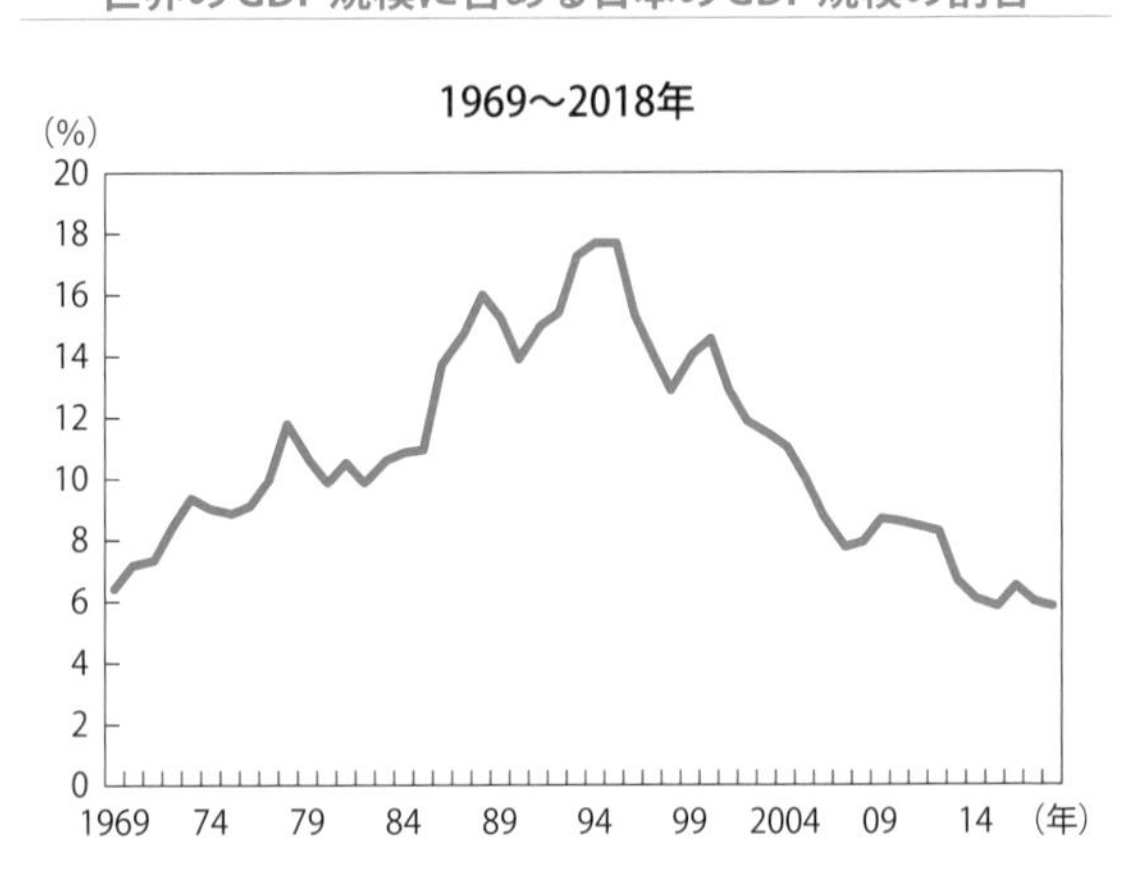

出所：世界銀行発表の米ドル値よりインベスコ作成。

さて、ここで問題。このグラフの後半の約30年間、つまり平成の時代に、日本人は人的資産と金融資産を何に投資すればよかったでしょう？　いまの姫野さんなら、答えられるはずだよ。

日本以外にも目を向けて投資をしたほうがよかったってことですよね。結果論ですけど。

そのとおり。73ページですでに人的資産を表す賃金の推移を見たよね。今度は、経済の鏡となる株価を見てみようか。

うわー。これも予想どおりですけど、日本絶不調……。

平成時代の株価推移

1989年1月～2019年3月

(1990年末＝1.0)

日本株式
世界株式
近似曲線　日本株式
近似曲線　世界株式

9.0 8.0 7.0 6.0 5.0 4.0 3.0 2.0 1.0 0.0

1989/1　92/1　95/1　98/1　2001/1　04/1　07/1　10/1　13/1　16/1　19/1 (年)(月)

出所：Bloombergよりインベスコ作成。世界株式はMSCI World指数-配当込み、日本株式はTOPIX指数-配当込み。米ドルベース。

さて、ここまでは過去のことだから、もう変えることはできない。
じゃあ、この先の30年はどうなると思う？　姫野さんなら、次のグラフをどう描く？

う～ん。さっき見た2050年までの成長率の予測から考えると、やっぱり日本はあまり成長できないのかな……。

未来のことは誰にもわからないよね。投資のプロといわれる人だろうと、著名な経済学者だろうと、確実な未来予測はできない。
でも、**過去を振り返って未来を考えること**は、我々にとってとても大切だ。
それはこれから成長する国や株を当ててお金をもうけようってことじゃない。**いまの自分の人的資産と金融資産をトゥギャザーしたとき、日本と海外の配分に問題がないかを考える**という意味で大切なんだ。

未来（2020～20XX年）の経済と株価はどうなる？

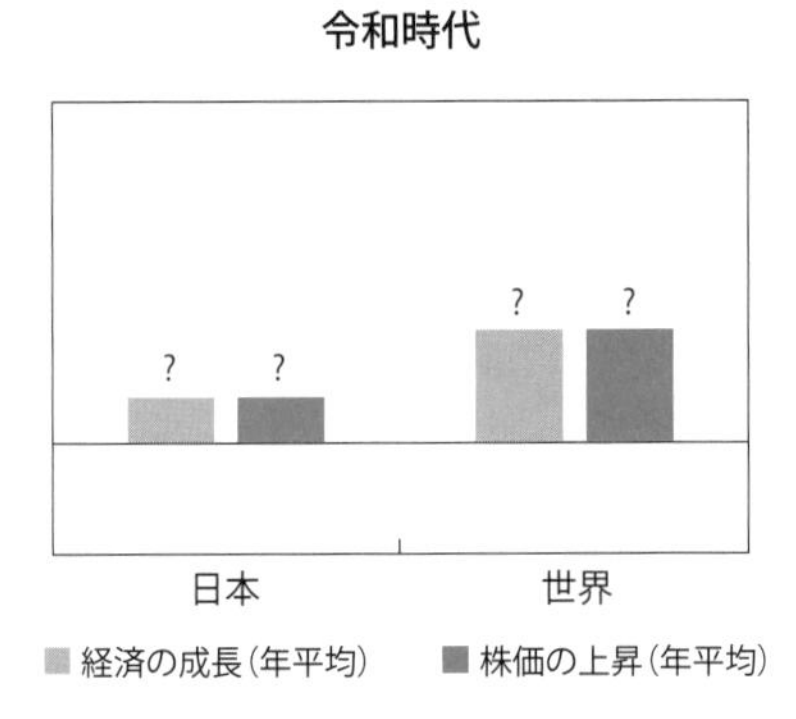

なるほど。これからの自分の人生のバランスを考えるってことか……。

金融資産をうまく使ってバランスをとろう
――これからの時代、「日本への超集中投資」はさすがにバランスが悪すぎる

ここで30歳の公務員Aさんに再登場してもらおう（40ページ参照）。Aさんの人的資産は約1億3000万円、金融資産は円預金が500万円としよう。そうなると、人的資産も金融資産も100%日本資産だ。

日本に超集中投資をしているわけだけど、Aさんはこの先30年、日本が世界よりも高成長すると予想して、意図して日本100%の状態をつくっているんだろうか。

それはないです。Aさんは世界の中の日本とか、全然考えていないと思います。**ただ普通に日本の学校を出て、お役所に就職して、日本の銀行にお金を貯めているだけ**ですよ。

僕もそう思う。

では、姫野さんはAさんの現状についてはどう思う？　姫野さんがAさんの資産アドバイ

ザーだったら「そのままでいいですよ」と言っていい？

それはダメです。先のことはわかりませんが、**日本ばっかりというのは、バランスが悪い**と思います。いまは昭和みたいな日本アゲアゲな時代ではないですし……。でも公務員は安定した仕事だし、日本は世界一住みやすい国なんだから、それを手放すことはないですよね。

姫野さんの言うとおり、仕事を変えたり外国に住んだりする必要はないし、そもそもそんなことは難しい。だけど、**日本のこれまでとこれからを考えると、「日本への超集中投資」はさすがにバランスが悪すぎる**。そこで、この超集中投資を修正する道具として、金融資産を使っていったらどうだろうか？

たしかに、外国に住んで仕事をするより、お金を外国に向かわせるほうが全然、簡単ですよね。そう考えると、**金融資産って身軽**かも……目からうろこです。

前にも触れたけど、資産運用のアドバイスには、次の2つがとても重要なんだ。

①自分の人的資産が「日本資産なのか」「海外資産なのか」を考えること
②「世界の中での日本の立ち位置」を考えること

これを踏まえて、とくに日本人に必要なのは、**金融資産で人的資産のかたよりを修正して、よりよいバランスをつくるっていう発想**だ。

要注意！　日本人が「無意識にやっている選択」の危うさ

ところで次ページのグラフは、日本にある1900兆円もの個人金融資産の内訳だ。ここから外貨預金や外国へ投資している投資信託を抜き出すと、**日本以外の金融資産は3％未満しかない**。

えー！　多くの日本人の人的資産は、ほぼ日本資産でしょうし、そのうえ金融資産がこの状態だと、**日本人みんなが「日本への超集中投資」**になってしまいます。**普通にしているだけなのに、すごくバランスの悪いポートフォリオ**になってしまっている

なんて……。

姫野さんの言うとおり、無意識でこうなっていると思う。無意識の選択は、じつはとても危険という可能性があるんだよね。

1980年代の終わりに**バブル景気がはじけるまでは、それが大正解だった**わけですしね……。

これからの人的資産と金融資産における日本人の投資先のイメージは、次ページの図のようになると僕は思っている。

ふむふむ。たしかに、昭和の時代は人的資産も金融資産も、たまたま日本ばっかりでよかったですけど、令和の時代は違います

日本人の「お金の投資先」

〈日本の個人金融資産1900兆円の内訳〉

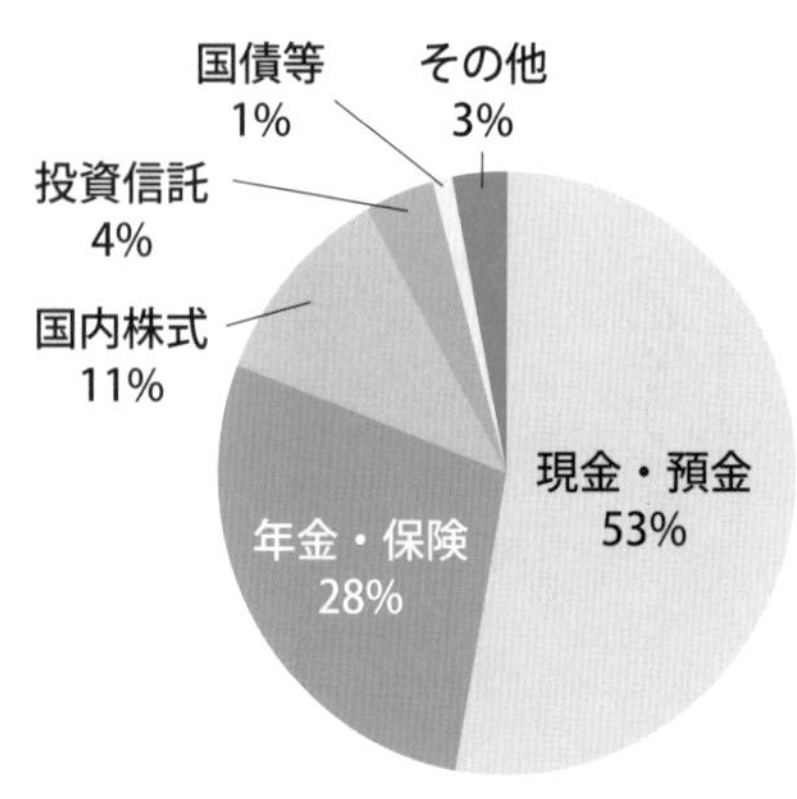

円グラフより外貨預金や外国に投資をしている投資信託等を抜き出すと、外国資産への投資は全体の３％未満

出所：日本銀行、投資信託協会資料よりインベスコ推定。2019年末現在。

よね。
英語も小学生から必修だし、学生に人気の就職先だって、昔からある日本企業ばかりじゃない。コンビニや外食チェーンでは、外国の人がいっぱい働いているし。

そのとおり。**日本という国も、どんどんグローバル化している。**

でも、住みやすい日本を捨てる必要は全然なくて……というか、私たちは日本人だから、人的資産の一部は確実に日本資産だし。ということは……。

仕事や生活面でグローバル化に対応しながらも、まだまだ人的資産は日本がほとんどだから、身軽な金融資産を外国に投資して、バランスをとる！

日本から世界にも目を向けよう

		昭和	令和
人的資産	労働の投資先	日本に関する仕事	何らかのグローバルに関わる仕事
	教育の投資先	日本で役立つスキル	グローバルで役立つスキル
金融資産	お金の投資先	日本の不動産・株	グローバルに投資
		日本への 超集中投資！	時代に合った バランスの とれた人生を！

ケイさん、これで合っていますか？

すごい、すごい。いまのロジックを説明すれば、姫野さんの友人たちにも「いい気づき」を与えられるかもね。

では、今日はここまで。お疲れさま！

5日目まとめ

★「安全、健康、サービス、インフラ、文化」に優れた日本は、住むのに最高な国である。

★平成の時代、日本人はより世界に目を向けるべきだった。

★多くの日本人は、昭和型の「日本への超集中投資」を続けている。

★金融資産で「日本にかたよったポートフォリオ」を修正していくことができる。

講義6日目

結局、バランスをとるという考え方が一番大切！

人的資産は国内の安定資産。ならば、金融資産は海外の成長資産でバランスをとる

日本人は、すでに「超安定資産」を持っている

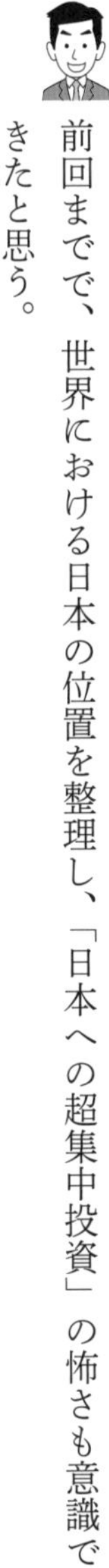

前回までで、世界における日本の位置を整理し、「日本への超集中投資」の怖さも意識できたと思う。

今日は姫野さん自身が、どういう金融資産を持つべきなのかを一緒に考えていこうか。

ポイントは、**身軽な金融資産を、人的資産のバランスを修正するために使う**ことだ。

いよいよですね。ただしケイさん、私を甘く見ないでください。

ご存じのとおり買い物は超得意ですが、私に合う金融商品が何なのかは、さっぱりわかりません。この前の講義で**海外への投資がよさそう**だってことはわかりましたが、海外って広すぎますっ！

大丈夫、大丈夫。じゃあ、まずは姫野さん自身の人的資産の分散を考えてみよう。

ふふふ。1億5000万円の私の中身ですね。
日本で22年間暮らして日本の学校を卒業しました。ご覧のとおり外資系の会社で働きはじめましたが、英語は海外旅行ができる程度ですし、日本人とビジネスをする日本法人だから入社できたのかなって思います。
……と考えると、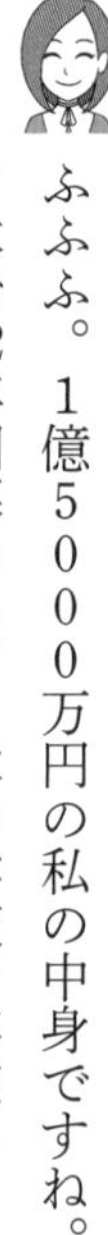**いまの私の人的資産は、ほぼ100%日本**なんじゃないでしょうか。

うん。続けてみて。

現在の私に何のスキルもないからこそ、いまよりお給料が下がる可能性は少ないんじゃないかと思います。これからがんばれば、身につくことがたくさんあると思うので。

なるほど。説得力のある分析だね。

私の将来のお給料は、私が健康で仕事をがんばっていればずっと入ってくるもの……ってことは、安定したいちばん信頼できる資産だと思うんです。

うん。一般的に、**人的資産は、とても安定した信頼できる資産**なんだ。何より、自分次第っていうところがいいよね。

天災でまさかの失業!?
そんなときに助けてくれるのが「分散された金融資産」

人的資産をつくる要素は、次ページの図の3つだ。

ふむふむ。「働く意思」と「健康」と「自己投資」ですね。

これら3つは基本的に自分でコントロールできる、とても頼りがいのある資産だよね。

それに、昭和の後半や平成の時代で、日本の失業率がいちばん悪かったときでも5％くらいなので、そのときでも95％の日本人には仕事があったことになる。日本の雇用は世界的に見てもとても安定していて、**日本人の人的資産は諸外国から見れば「超」安定資産**といえるんだ。

でも、地震とかの非常事態が来たらどうするんですか？　私の1億5000万円の人的資産がなくなっちゃう！

まず、非常事態はずっと続かないから非常事態ね。
そしてそれが終わったあとにも、やはり自分の働く意思と健康が頼りになる。
また、たとえば天災などで自国が大変なことになった場合は、**自分の働いている属性とは別の業種や国に置いてある金融資産が、個人を助けてくれる**んだ。
要するに、**人的資産と金融資産をひとつのカゴに入れない**っていう視点が大事だね。

人的資産は頼りになる「安定資産」

〈人的資産の3つの要素〉

働く意思

健康 ⇔ 自己投資

自分でコントロールできる資産！

たしかに、非常事態に備えての分散投資ってわけですね。

人的資産の3つの本質

- 頼りになる「安定資産」である
- 「健康」と「働く意思」と「自己投資」の3つの要素が重要になる
- 天災などの非常事態には、金融資産を使った分散投資でカバーする

月1万円でもOK！　では、何に投資すればいい？

そういえば、姫野さんは貯金があまりないと言っていたっけ？

正直にいうと、20万円くらい……。何せお洋服が超好きなもので（笑）。前に携帯代と電気代を滞納してしまって懲りたので、社会人として1ヵ月暮らせるくらいは貯金してあります。

じゃあ、姫野さんのポートフォリオをグラフにすると、こんな感じだね。

ふふふ、私は1・5億円の価値のある女……でも、**貯金が少なーい**（涙）。

オッケー。これで資産運用を考える出発点ができた。そして、姫野さんは洋服が大好きだと。

はい。朝から洋服のサイトを見はじめて、気づいたら、「あっ、もうお昼だ」みたいなことも（笑）。

仕事中には見ないようにね（苦笑）。では、毎月の洋服代から1万円くらいは捻出できるかな。**その1万円をどんな金融資産に投資するか**考えてみよう。

おっ！　これで私も「投資ガール」の仲間入りですね！

えっと……その1万円はやっぱり日本以外の資産がいいですね。私の人的資産1・5億円は安定した日本資産だから、**金融投資ではもうちょっと夢のある、利回りの高いものがいいなって**思います。

そのとおりだと思うよ。月1万円の積立を数年続けたとしても、1・5億円の人的資産にくらべたら微々たるものだからね。

「日本と海外」「安定と成長」どうバランスをとればいい？

ところで、ポートフォリオのバランスって、そもそも何をバランスさせればいいんですか？　私、資産も体型も、バランスのいいプロポーションをめざしているんです！

資産運用でポートフォリオのバランスを考えるときは、次の2つに気を配ること。

①日本資産と海外資産のバランス
②安定資産と成長資産のバランス

もちろん、人的資産と金融資産をトータルに考えたうえでね。

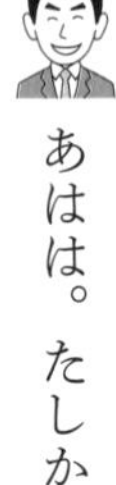

私の人的資産は100%日本資産で、20万円の貯金も円だから、いまは下の図のような感じ？
……**バランスが悪すぎる！** というか、そもそもバランスさせる資産さえ持っていないわけで。憧れのモデル並みのプロポーションにはほど遠い……。

あはは。たしかに。

でも、**何も考えずに生活していると、ほとんどの人がこんな感じですよね。日本で生まれて、日本で勉強して、日本で働いている人が多い**わけですから。

姫野のポートフォリオの2つのバランス

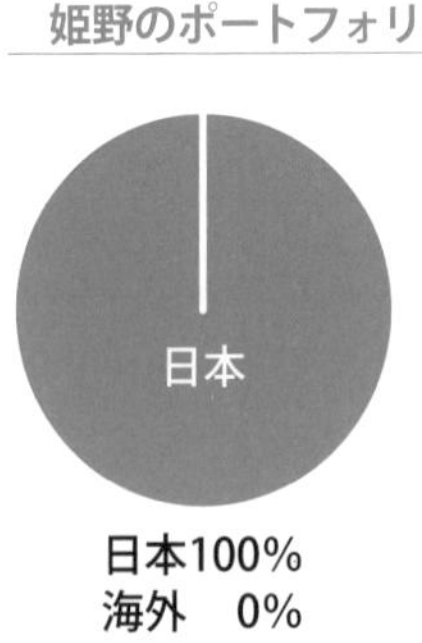

まずは「半分ずつのバランス」をめざしてみよう

ちなみに、国内と海外、安定資産と高利回り資産は、どれくらいのバランスを目標にしたらいいんですか？

そうだね。まずは**半分ずつを目標**にして考えてみよう。

とりあえずは、半分半分が目安ってことか……。ケイさん、もうちょっと考え方を教えてくださいよ。ケチなおじさんはモテませんよー。

厳しいね（笑）。**世界経済の中で、日本経済は6％くらいの大**

合算した資産で2つのバランスをとる

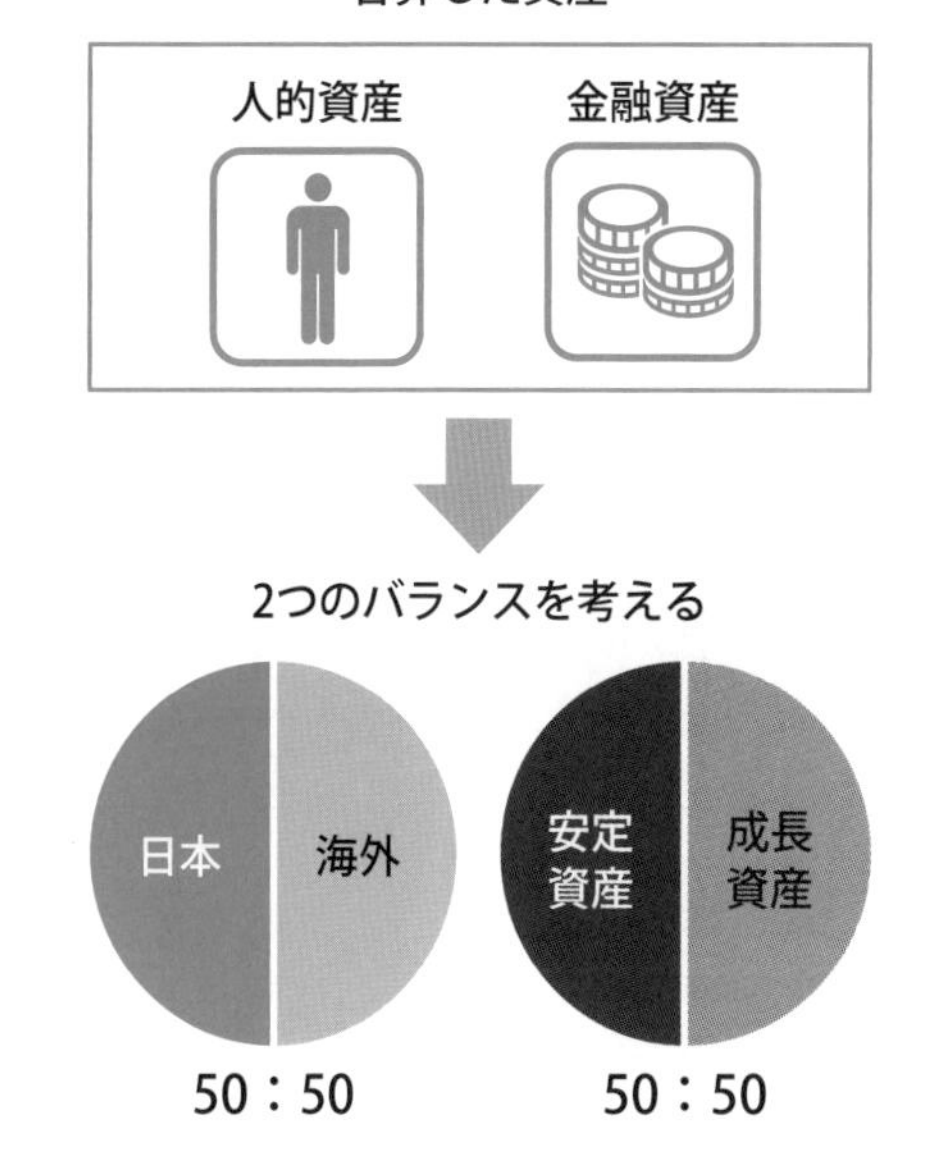

きさなんだ。人口は世界の2%弱だ。さっきも言ったように、日本は雇用が安定しているから、日本にひもづく人的資産は諸外国と比較すると、超「安定資産」だといえる。日本はとても住みやすい国で、日本人のほとんどが日本で生まれて日本で教育を受け、日本の経済圏で働いていることも特徴だ。

ふむふむ。

そうなると、**多くの日本人の人的資産は、自然と日本資産・安定資産に大きくかたよってくる**。だから、ほとんどの人の資産運用の方向性は、次の2つになる。

①海外資産を増やす
②成長資産を増やす

たしかに、いまの自分たちと日本の立ち位置を考えると、そうなりますね。

「ポートフォリオのバランスをとる」という考え方が大切

実際、僕自身は完全にそうしている。

僕の日本円の預貯金はごくわずか。**給料が入ったら、「生活費以外の残りは海外の成長資産にすべて回す」という行動を、ずっと続けているよ。**

これは「お金をもうけよう」ではなく、**「ポートフォリオのバランスをとろう」という発想**による行動だ。

僕は外資系企業で外国人相手に仕事をしているから、人的資産の半分くらいは海外資産かもしれない。それでも、**人的資産は安定資産で、日本の経済規模が世界の6％くらいであることを考えると、いまの金融資産は全額を海外の成長資産に向けている。**

なるほどー。

姫野さんの場合、いまは投資できる額も多くないから、とにかく**海外資産と成長資産を増やす意識を持つ**といい。

海外資産や成長資産の割合が大きいポートフォリオに違和感がある人は、**人的資産と金融**

資産をトゥギャザーして考えられていないか、単純に「感覚的な慣れ」の問題であることが多いかな。正しい行動や状態に慣れていくこと自体も、とても大事だよ。

まず私がすべきことは、**「海外の成長資産を増やすこと」**ですね。
それから、できることなら人的資産も日本ばかりじゃなくて、もっと英語を勉強するなりして、海外資産を増やしていったほうがいいんだろうなあ。
ふぅ。人的資産と金融資産をトゥギャザーして考えると、人生の景色が変わってくる感じ。
あとは毎月服を1枚我慢できるか、英語の勉強をがんばれるか、が問題ですね（笑）。

まずは「欧米の大企業の株」へ投資すべき理由は？

ところでケイさん。**「海外の成長資産」**っていったい何がいいんですか？

海外の成長資産となれば、「欧米の大企業の株」が魅力的だよ。

へぇー。外国の株なんて意識したことがないです。

そうだろうね。まず株である理由は、**何百年も実体経済を豊かにしてきた実績のある資産そのもの**であること。

欧米の大企業の株式である理由は、**姫野さんがそこの社長さんと経済的に同じ立場に立てるから**で、これは大きなメリットだ。彼らは世界で最も優秀で人望のある人たちといえるだろうからね。

は？　海外の大企業の社長と私が同じ立場に立つ？　そんなわけないじゃないですかっ！

いやいや、本当だよ。姫野さんが彼らと同じ立場に立てることが、世界中でおこなわれている「普通の」株式投資の姿なんだ。

これは、**「経営者がどのような形で報酬をもらっているのか」**がポイントになる。

報酬のもらい方？

海外のトップ企業のお偉いさんは、**給料の大部分を「自社の株」で受け取っている。しかも受け取った株を、長期間持ちつづけなくてはならない仕組みになっているん**だ。

へえー。初耳です。

一方、**日本の大企業のお偉いさんの多くは、「現金」で給料のほとんどをもらっている。**株でもらう割合はゼロという企業も多い。

この違いによって、日本の株式投資は、世界のそれとは根本的に意味合いが違う特殊なものになる。サッカーと野球、いや、スポーツと芸術くらい違ってくる。

日本と世界の違いは「社長の給料のもらい方」にあった！

次ページのグラフを見てみよう。姫野さんも知っている有名なアメリカの大企業のトップが、どのような形で給料をもらっているかだ。

ほとんどの企業は、お偉いさんの給料の半分以上が株式なんですね。給料のほぼ全部を株で受け取る会社も……。これは驚きです。

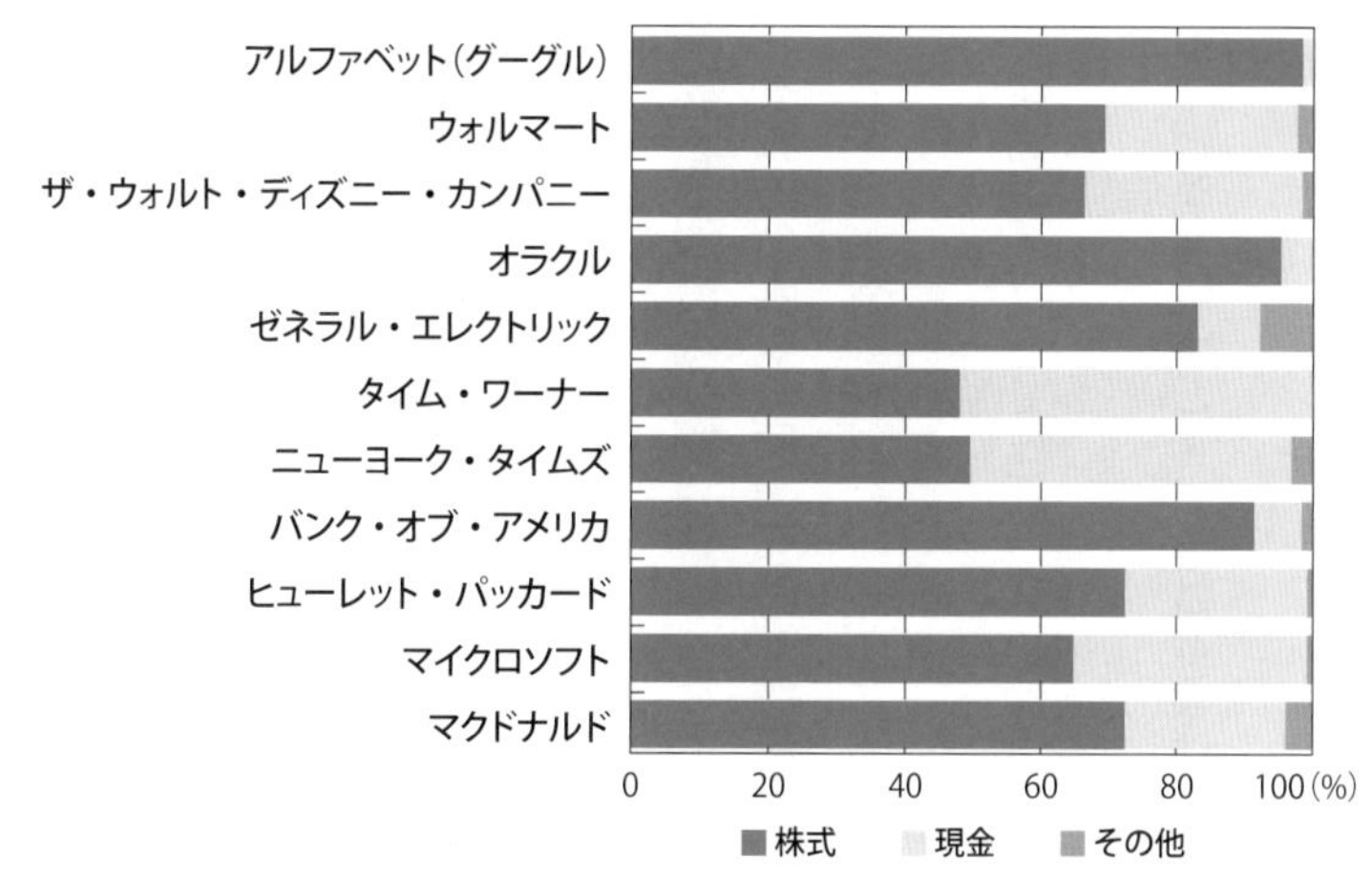

出所：Salary.com 2019年9月。

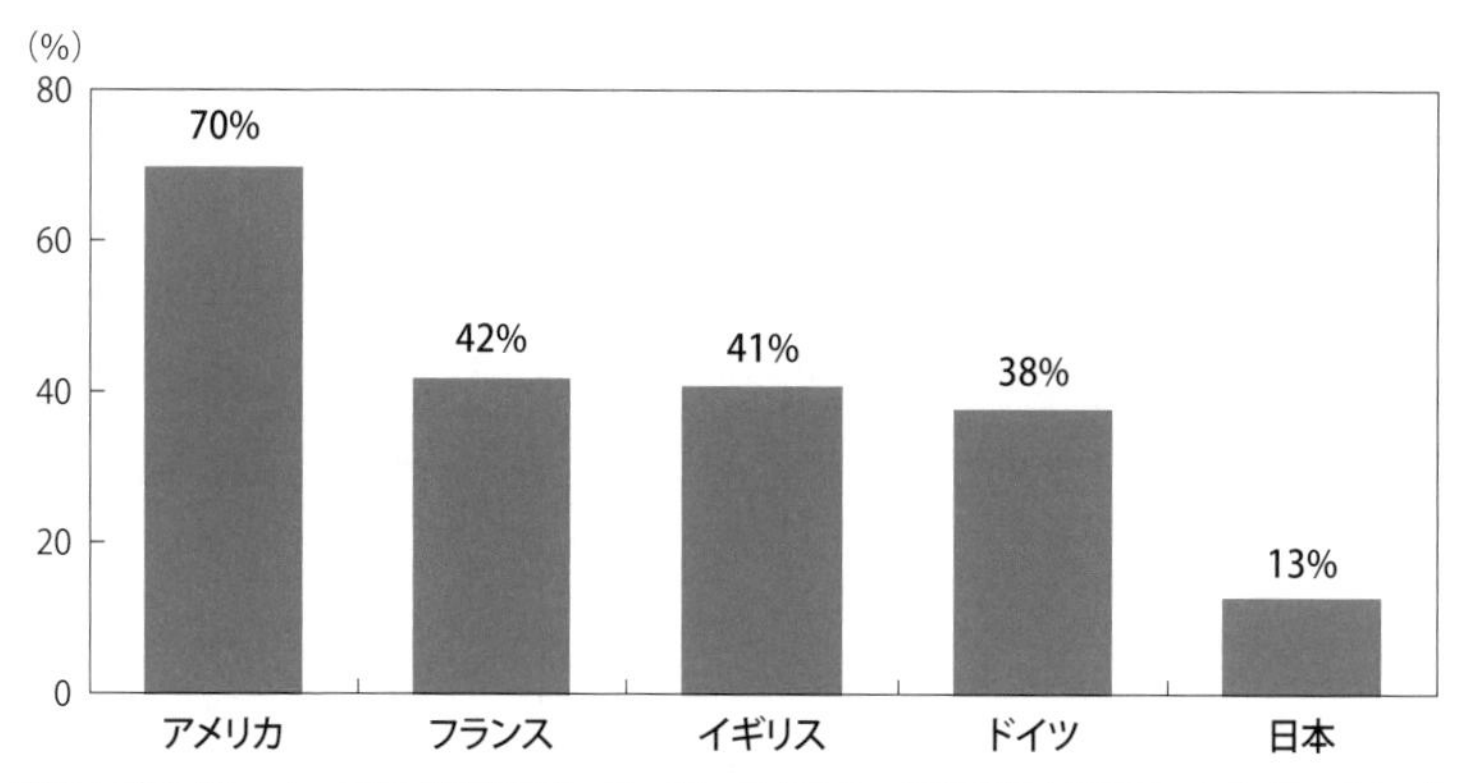

出所：デロイト・トーマツ「2018年度　日・米・欧の社長・CEO報酬水準比較」よりインベスコ作成。中長期インセンティブ報酬を株式報酬として表示。

国別に平均を比較すると、前ページのグラフのようになる。

アメリカは7割、ヨーロッパも4割くらいは株式でお給料をもらうんですね。だから**私が株を買えば、社長さんと近い立場になれる**わけだ。

……ということは、私がアップルやグーグルのお偉いさんたちと同じ立場に？　それはテンション上がる！

過去50年の世界株式は、なんと超高利回りの8％！

ここで質問。海外の株式は、過去にどれくらいの利回りがあったか知っている？

一応、新聞やネットで株価の話題はチェックしていますけど、過去の長い話は……。

もちろん調子がいいとき、悪いときはあるけど、**平均して年約8％の利回り水準になっている。**

この数字を覚えておいてください。複利計算で資産を2倍にする年数を考える「72の法則」に当てはめると、**9年で預けたお金が倍になる**計算だ（72÷8＝9）。

では、世界株価指数が計測されはじめた1970年からのグラフを見てみよう。

前にも見たグラフの期間をもっと長くしたんですね。

上がったり下がったりはあるけど、過去50年右肩上がりじゃないですか！　すごーーい。しかも平均利回りが8％だなんて、世界株式の大ファンになりそうっ。

でも、どうしてこんなに高い利回りに？　**日本なんて銀行預金の利息が0・01％とか**なのに！

過去50年の世界株式の上昇

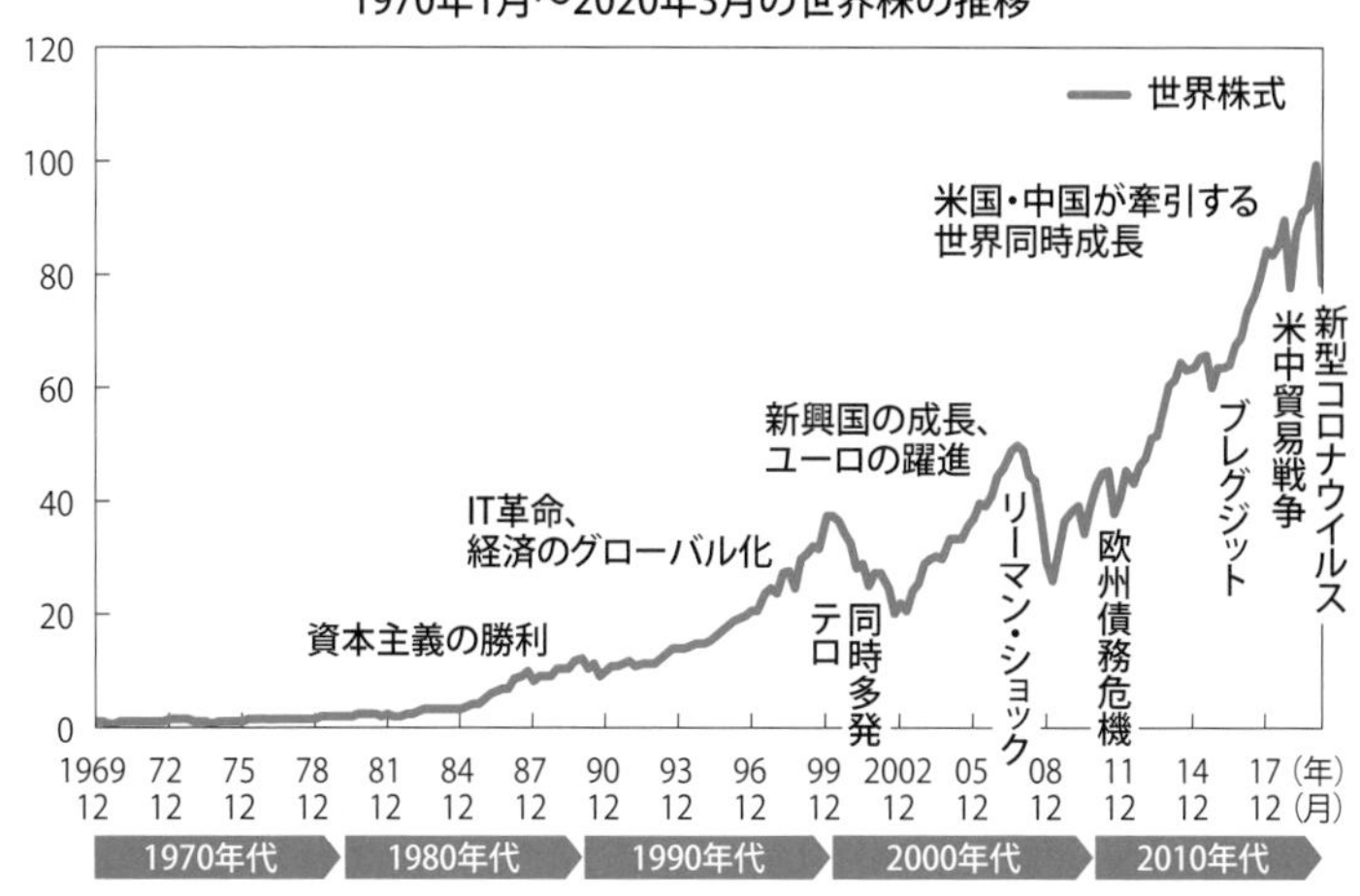

出所：Bloombergよりインベスコ作成。上記は1970年1月を1.0として指数化。世界株式はMSCI World Index配当込み（米ドルベース）。

うん。その疑問はとても大切だね。

なぜ長期でこれほど高い利回りが出ているのか、なぜ平成の30年のあいだに、日本と大きな差がついてしまったのかは、僕がずっと考えてきたことだし、姫野さんにわかってほしい大事なことのひとつなんだ。

結局のところ、その答えは**「投資→成長→豊かさ」のサイクルで社会がどんどん豊かになっているからに尽きる**んだけどね。

くわしくは、次回の講義からしっかりやっていこう。

それを学んでから、もう一度自分のポートフォリオについて具体的に考えていくことにしよう。

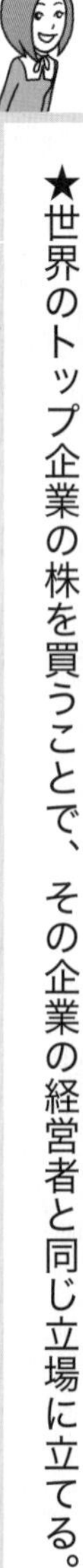

6日目まとめ

★人的資産は、安定した、頼りになるものである。
★「人的資産」＋「金融資産」のポートフォリオは国内・海外半々をめざす。
★世界のトップ企業の株を買うことで、その企業の経営者と同じ立場に立てる。

第2章

金融商品と世の中は、こんなにもつながっている！

――金融商品を知れば、世の中のことがもっとわかる

【講義 7 日目】

そうか、株式投資って、そういうことだったのか

株式投資とは、新しい事業を応援することで、より豊かな社会をつくっていくこと

証券口座をつくるのは、「お金の社会参加」をする社会人の第一歩

突然ですが、今日はひとつ報告が。私、証券口座をはじめてつくりました！

おっ、それはおめでとう！　**証券口座をつくるのは、「お金の社会参加」をする社会人の第一歩**ともいえるからね。

いまの証券口座は、僕が仕事をはじめた20年前とくらべると、次のような点で劇的に進歩している。

進化した証券口座

- 100円、1000円といった少額からでもはじめられる
- 日本だけでなく、世界中のさまざまな金融商品を買うことができる
- 手数料がとても安くなっている

「お金の投資って、何百万円も持っていないとダメだ」とばかり思っていました。私、この口座で幸せと豊かさを手に入れます！　ついでに素敵な彼氏も！　バイブス上がってきたー！　あっ、ちなみにこれは若者言葉で、「気持ちが盛り上がっている」ってことです。

ははは。でも、**「手っ取り早くお金もうけをしよう」**っていう考えは絶対に**ダメ**だよ。**お金の投資は真の自分の資産のバランスをとるための手段**だ。

わかっていますよ。**「人的資産」**と**「金融資産」**をトゥギャザーしたポートフォリオの**バランス**ですよね。

証券口座をつくった姫野さんのためにも、今日からは**基本的な金融商品やそれを包んでいる投資信託（ファンド）**を、投資サイクルの仕組みの中で学んでいこう。

はいっ！　私、すぐにでも金融投資をはじめられますから、今日は真剣度が違います！

国債と株の「本質的な違い」を説明できますか？

――「お金を預ける相手」が違う

まずは**「国債」と「株」**の話からしていこうか。「お金の社会参加」を考えるためには、これらの金融商品が何者で、社会でどういう役割をしているのか理解しないとね。

う……出た。国債と株。うーん、前からあまり好きじゃないんですよね。なんていうか、名前がかわいくない、今風じゃない、ピンとこない！

ははは。ただ、勝手に新しい名前をつけてしまうわけにもいかないからね。僕の講義では、国債と株の2つだけやるので、がんばってなじんでください。

2つだけなら、なんとかなりそう……です。

国債と株の2つさえ覚えてしまえば、ほかの金融商品の多くは、その中間だったり、親戚だったりするから大丈夫。
あとでゆっくり説明するけど、国債と株の違いは、次のようになる。

国債と株の違い

国債……国のエリート官僚や政治家にお金を預ける
株……民間の企業の経営者にお金を預ける

なるほど。お金の**預け先が違う**ってことですね。

国債⇒「政治家や官僚がつくる豊かさに期待して」お金を預ける

まず**「国債」**からいこうか。国はどういう投資をするんだっけ？

前にやりましたよね。主に**インフラ投資**ですね。国は道路や橋、学校や病院などをつくって、国民が生活しやすい環境のために投資をしてくれているはずです。

そのとおり！　その投資に必要なお金をみんなから集めているのが国債ってやつだ。あと、集めたお金は政治家が選挙で約束したいろいろな政策にも使っていく。「みんなの暮らしをよくしたいのでお金を貸してください。その代わりに金利をつけます」っていう約束をしている。

なるほど。じゃあ、そういう政治家や官僚がやっていく投資を通じて、国が豊かさを増やそうとしているってことでいいですか？　それでお金が増えないと、金利を払えないですよね。

うん。**「国が社会を豊かにしてくれることに期待して」みんなが国債を買うという形でお金を預ける**。そして豊かになった国は税収が増えて、そのお金で金利を上乗せして返すという形になるんだ。

まだ基本的な社会インフラが整っていない新興国などは、国債を活用してお金を集め、社会をどんどん豊かにしていくことができる。そういうステージは、投資にお金を流していく国債の投資利回りも高い。

株＝「経営者の夢や手腕に期待して」お金を預ける

じゃあ、次は**「株」**だ。会社はどういう投資をするんだっけ？

えーと、**会社は「新しい商品」や「よりよいサービス」のために投資をします**。みんながほしいものを開発したり、工場をつくったりして。

ところで、聞いてください！　私が好きな小さなアパレルブランドがあるんですけど、私がほしいって思うデザインの服が、本当に不思議なくらいどんどん出てくるんです。この前も私が好きなモデルさんと契約して、まるで私の心を読んでいるかのよう！　そして私のお財布は軽くなって……。

お客さんの心をつかんでいる会社なんだね。素晴らしい！　姫野さんのバイブスも盛り上がるね。

……ケイさん、無理して若者言葉を使わなくても。微妙に使い方も間違っているし……。

う……ごめんなさい。ほかに企業が投資することは何だったっけ？

あとはですねー。**従業員が成長して活躍できるよう、「人」にも投資します。**
私、姫野も現在、投資をされています。ちゃんと成長していますよね……たぶん。

そうだね。商品を買ったお客さんや会社自体が豊かになるために、さまざまな投資をしている。**それらの投資をするために、経営者がお金を集める手段が「株」**なんだ。

つまり、**「経営者に期待して」お金を貸す**ってことですよね。

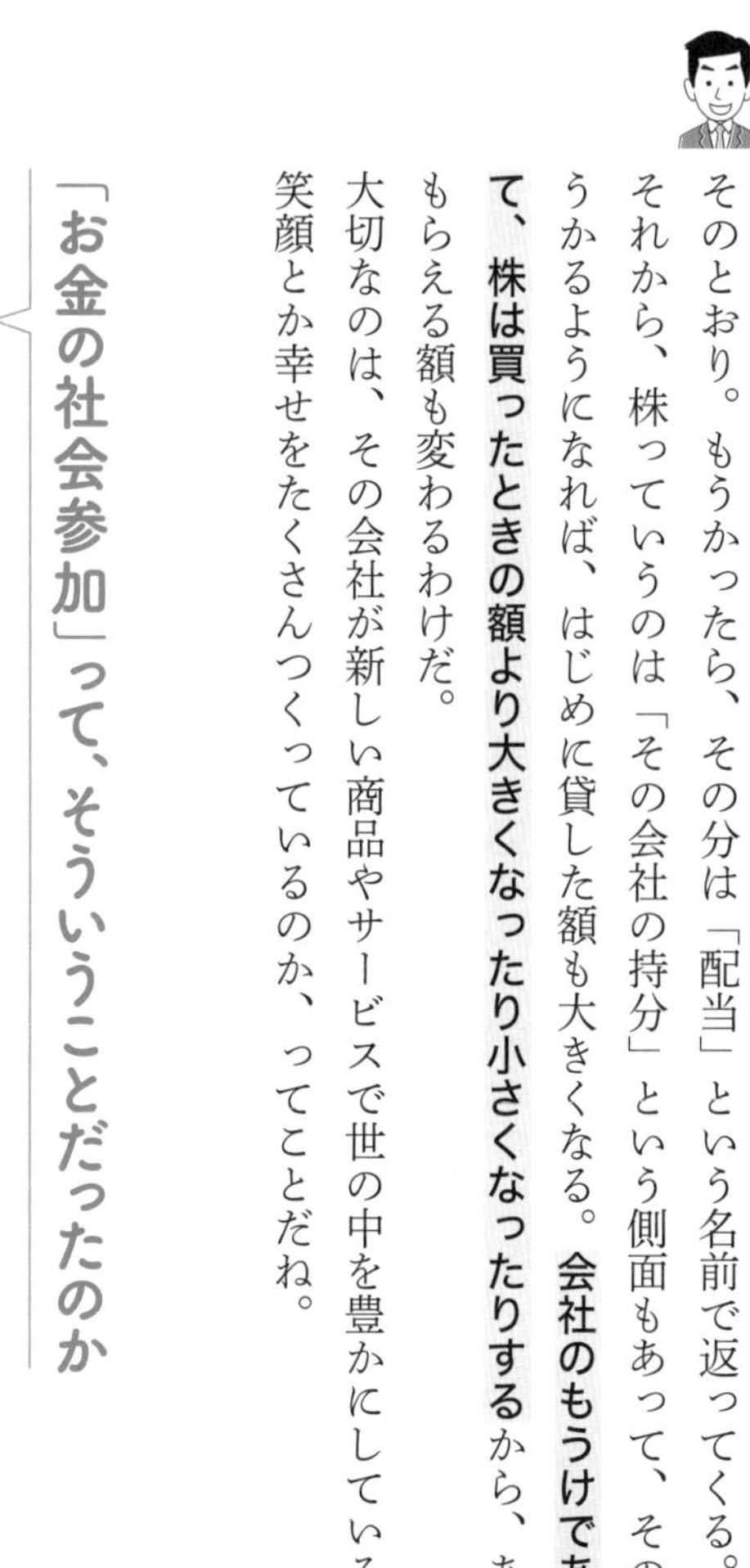

そのとおり。もうかったら、その分は「配当」という名前で返ってくる。それから、株っていうのは「その会社の持分」という側面もあって、その会社がもっともうかるようになれば、はじめに貸した額も大きくなる。**会社のもうけである利益に比例して、株は買ったときの額より大きくなったり小さくなったりする**から、あとで買い取ってもらえる額も変わるわけだ。

大切なのは、その会社が新しい商品やサービスで世の中を豊かにしているのか、みんなの笑顔とか幸せをたくさんつくっているのか、ってことだね。

「お金の社会参加」って、そういうことだったのか

私、そのアパレルブランドの会社の株を買ってみたいんです。まだ小さくてメジャーじゃないですけど、これから**伸びそうな気がしている**んですよね。おすすめした友達もみんな気に入っているし、私ってファッションについては先見の明がありますから！

それはいいね。**金融資産は、人的資産では手が届かないものを買ってバランスをとるのが**

基本だけど、**「期待して応援する」**という**姫野さんの考えは、「お金の社会参加」そのもの**だ。

姫野さんがその会社の株を買うことで、下の図のように、社会の幸せを増やすことになっていくんだよ。

ご存じのように、いまの私にはあまりお金がないんですけど、少しの応援でも世の中の役に立つんでしょうか？

必ず役に立つよ。そのアパレルブランドにも、誰かがはじめに小さなお金を預けたんだ。そして、いま姫野さんは、そのブランドの服を買って幸せを感じている。毎日の買い物でも株への投資でも、**自分や世の中の幸せを考えて個人の財布の中身を動かす**ことが、みんなの豊かな社会をつくっていくんだから。

へぇー。「お金の社会参加」って、そういうことなんですね。

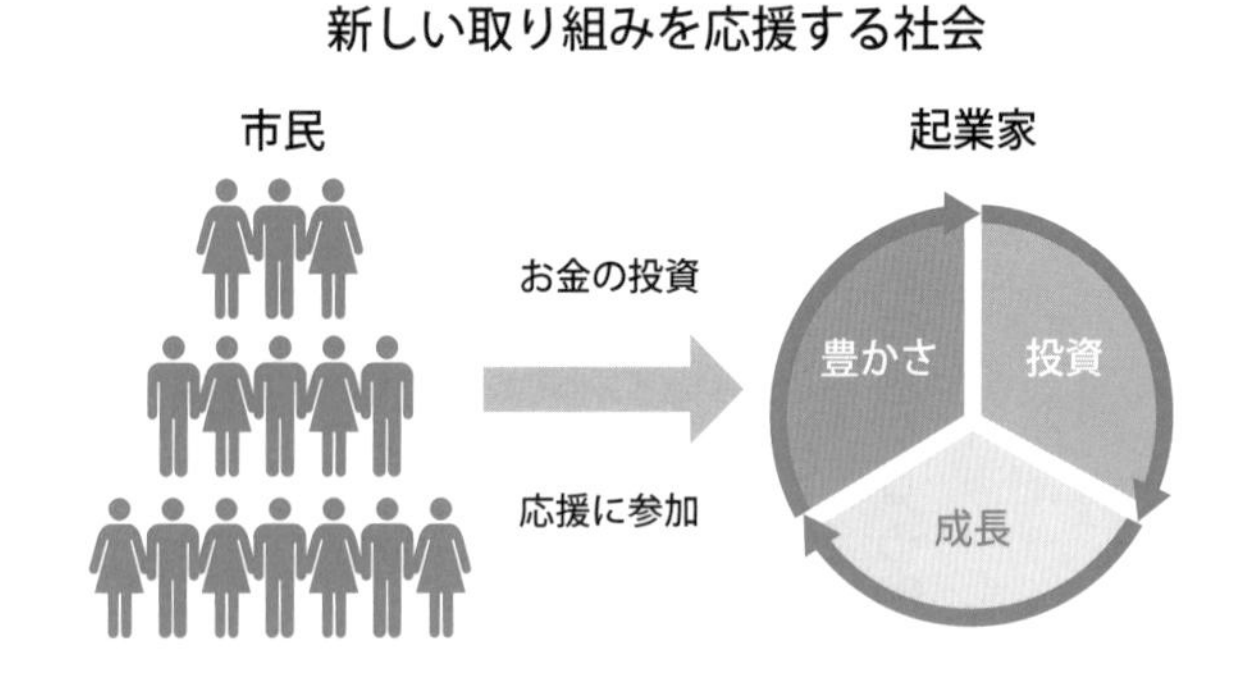

応援してくれる人たちの声や行動は、**デザイナーや創業者に大きな勇気を与えている**はずだよ。みんなが知らんぷりをしていたら、豊かさへのスタートである投資がはじまらないから、成長も豊かさもない。
好きな服を買うことも自分や世の中を豊かにするけど、株を買って事業を応援することは、もっと直接的に幸せを大きくできるんだよ。

そうか。その会社を応援すれば、私のほしい服をもっとつくってくれるってことですね！

株式投資は、世の中を豊かにしていくために先人たちが考えた大発明で、とてもすごいシステムなんだ。ベンチャー企業の株を買うのも、新しいことで世の中の幸せを増やしたいっていう人たちを応援することに等しい。

私、社会人1年目ですけど、**株を買うと社会に参加できる**ような気がします！

……というわけで、今日は国債と比較的小規模な会社への株式投資を考えてみました。次の講義では、社員が何万人もいるような大企業の株式投資も考えてみます。

いわゆる一部上場企業ってやつですね。

そう。大企業への株式投資は、単純に事業を応援するのとは別の意味があるんだ。
では、次回もバイブス、上げていこう！

はぁ。また若者言葉を使っているし。なんだか寒気が……。

7日目まとめ

★「国債」は国の官僚や政治家に、「株」は民間企業の経営者にお金を預ける。
★とくに小さな会社、新しい会社の場合、株を買うことでその会社の事業を応援できる。
★会社の利益に比例して、株は買ったときの額より大きくなったり小さくなったりする。

【講義8日目】日本の大企業の経営者、「最大の問題」はここにあった！

大企業の経営者を厳しい目で「モニタリング」し、より豊かな社会をつくっていく

「人に見られること」の大切さ

おはよう。今日もがんばって勉強していこう。調子はどう？

お、おはようございます……うえっぷ。

じつは昨日、若手の飲み会で飲みすぎまして……。ビール、ワイン、焼酎、締めはテキーラのフルコース。恥ずかしながら家に帰るまでの記憶がほぼありません。

どんな醜態をさらしたのか定かではありませんが、ほかのみんなに見られていたと思うと

……穴があったら入りたい。

ははは。それはお疲れさま。飲みすぎにはくれぐれも気をつけてね。**健康であることは人的資産のそもそもの土台**だからね。

前回は小さな会社への株式投資を説明したけど、今日は**大きな会社、たとえば一部上場企業への株式投資**を考えていこう。**「まわりの人の視線が大事」**という話だから、ある意味グッドタイミングかも。

まわりの人の視線……。思い出したくないです。

大企業の特徴は？——会社が大きくなれば、社会への影響力も大きくなる

大きな会社と小さな会社の違いは、**その会社の経営者が持っている権力の大きさ、そしてその会社がお金持ちか**どうかだといえる。イメージできるかな？

はい。**大きな会社は、持っている力もお金も大きい**わけですよね。

大きな会社の社長さんって、雲の上の人って感じがします。違和感ないです！　違和感があるのは、暴飲暴食による私の今日の胃袋か……。

あとで胃薬あげるよ（笑）。

さて、前回話したような小さなアパレル会社は、事業をはじめたばかりで初期投資がまだまだ必要だ。お客さんもこれから増やしていこうというステージにある。

ふむふむ。たしかに。

それに対して、大きな会社というのは、次のような感じだ。

大企業の特徴

・すでにお客さんもたくさんいて、商売の土台ができている
・会社の商品やサービス自体が、社会にがっちり組み込まれている
・従業員は多いところでは何万人や何十万人もいる

つまり、**経営者がひと声かければ、非常に大きな影響力を社会全体に及ぼすことができるんだ。**

大きな会社の大きな投資がうまくいけばいいけど、失敗したら大変だー。

そう。大企業がおこなう投資の影響力は、小さな会社とはまったく違う。
だから、大企業への株式投資を考えるには、その事業を応援することとは別の**「モニタリング」という理解が必要**になってくる。

すべての権力者は「モニタリング」されるべき
——権力を持つ政治家をモニタリングする活動が選挙。その仕組みが民主主義

モニタリング？　つまり監視するってことですか？

そのとおり。権力者のモニタリングのわかりやすい例として、政治家を選ぶ選挙を考えてみよう。

日本の場合、1年間の国家予算が100兆円以上で、国会議員の数は700人ちょっと。実際は大臣を通じてエリート官僚が配分しているものの、**単純に割り算すると、国会議員1人で1000億円からのお金を動かす権力を持っている。**

1人1000億円も!? お金を動かすってことは……。

何に投資をするかを決められるってことだ。つまり、日本の将来は政治家たちが何に投資をするのかによって、大きく変わってくる。**大きな権力を持つ政治家をみんなでモニタリングする活動が選挙で、その仕組みが民主主義**なんだ。

私が払う税金、無駄づかいされたくない! そんなにたくさん払っていませんけど!

政治家は国民が豊かになるように正しくお金を使ったり、ルールづくりをしたりしなきゃならない。それができているかどうかを、**定期的な選挙という形でモニタリングする**んだ。権力に見合った仕事をしていない政治家は次の選挙で落選して、代わりの人が当選するという仕組みだね。こういう仕組みがなかったら、世の中はどうなるだろう?

もし選挙がなかったら、ですか？　**権力者の支配や独裁とかが進んで、投資サイクルがうまく回らない**んじゃないでしょうか。社会はどんどん貧乏になっていくような気がします。

そう。だから、**権力を持つ人を社会で適切にモニタリングすること**は、豊かな社会をつくっていくために大事なことなんだ。

ちょっと難しい言葉で、これを**「ガバナンス」（統治）**という。軍隊のような権力をモニタリングするのは、**「シビリアンコントロール」（文民統制）**なんて呼ばれたりする。

いずれにせよ、**権力はすべての市民からモニタリングされるべき**なんだよ。

無関心な社会

貧しい社会へ……

大企業の経営者をモニタリングする仕組みが、株式投資

政治の世界で権力を持つのが政治家。では、経済の世界では誰が権力者になるでしょう？

えーと、大企業の社長さん？　東証一部上場とかの。

そのとおり。**大企業の経営者は、何百億円、何千億円ものお金を投資という形で動かすことができるし、下請けの会社まで入れたら何万人、何十万人もの従業員に命令を出せる。**日本でいえば、ひとつの市や県を動かすくらいの、大きな社会的権力なんだ。
そうなると、大企業の経営者は、政治家と同じように、モニタリングされるべきかな？

うーん。同じようにといわれると、ちょっと違和感が……。
政治家と経営者は少し違うんじゃないですか？　そう、お給料の出所が違います。
政治家は税金からお給料をもらっているから国民にモニタリングされるべきだけど、経営者のお給料は自分の会社でもうけたお金なんだから、そこまでモニタリングされなくてもいいような……。

日本人の姫野さんだと、そういう感覚になるのかもしれない。でも、**欧米では大企業や上場企業の経営者は、非常に厳しく社会にモニタリングをされているんだ。**

どうしてですか？　自分たちの会社なのに。

会社が大きくなるほど、次のようなことが起こるからだ。

大企業になると起こること

- ビジネスをするために道路や通信網などの公共財を大量に使う
- 従業員としてたくさんの人を雇い、社会の人的資産を多く使う
- 取引先や顧客の数も多く、社会全体に広がっている

たしかに！　影響力が大きいだけじゃなく、社会の資産をたくさん使っていますね。これはモニタリングすべきですね！

その、**大企業の経営者をモニタリングする仕組みが、株式投資**なんだよ。

株式投資にそんな役割があったなんて！

経営者は、株式投資で「投票」される

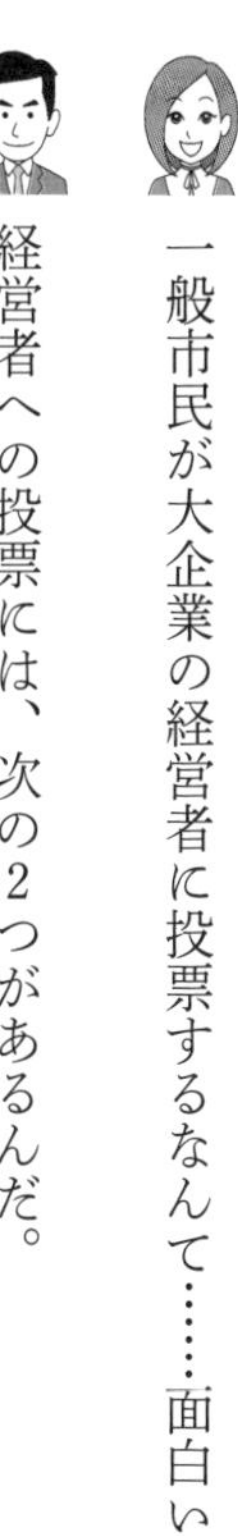

欧米では、市民が経営者をモニタリングし、株式投資を通じて投票している。選挙で政治家を選ぶのと同じようにね。

その株式投資の投票結果がきちんと影響を与えるように、以前話したとおり、欧米の大企業では経営者が給料の大半を自社の株式で受け取っている。

一般市民が大企業の経営者に投票するなんて……面白い！

経営者への投票には、次の2つがあるんだ。

①株を買ったり売ったりすること（株式投資）
②年に一度、経営者を直接選ぶこと（株主総会）

2つの投票は、経営者の「投資→成長→豊かさ」への活動報告にもとづいておこなわれる。その会社の「投資→成長→豊かさ」のサイクルがうまく回っていれば、会社が成長して株価が上がるので、給料の大半を株式でもらう経営者に恩恵が出てくる。これが①だね。

しかも、お給料としてもらった株は、すぐに売れないんですよね。

うん。だから株を手放せる数年後に株価が上がっていれば、経営者がもらえる給料が増える。反対に株価が下がれば、もらえる給料が少なくなる。**株で給料をもらうというのは、経営者が会社の長期の業績に責任を持つことに直結する**んだ。

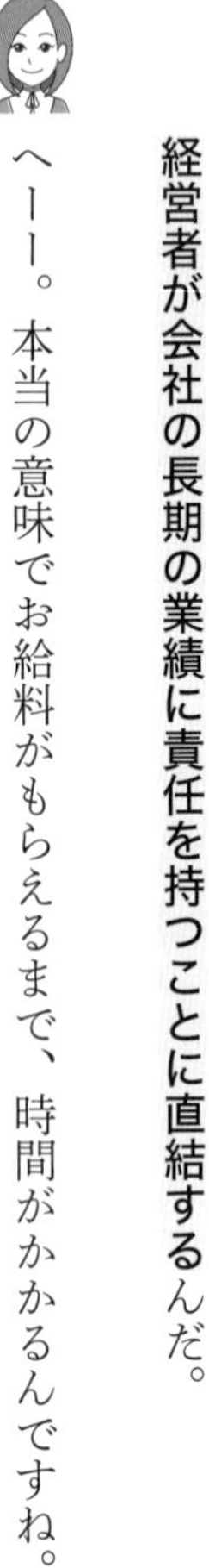

へーー。本当の意味でお給料がもらえるまで、時間がかかるんですね。
でも、その仕組み、なんだか正しそうな気がします。

みんなから見張られているのが「欧米の経営者」

有能な経営者なら、年に一度の総会の選挙（決議）で任期の続投が支援される。逆に、大きな問題があれば、交代を突きつけられる。これが②だ。政治家は「選挙で落ちればただの人」なんていわれるけど、欧米の経営者はそういうプレッシャーの中で経営をしているんだ。政治家は任期が数年あるけど、経営者は1年だしね。

欧米の経営者って、そうやってみんなからモニタリングされているんですね。

そう。**社会的影響力が強い大企業の経営者に対する厳しいモニタリングは、欧米では当たり前**のことなんだ。

大企業の社長ってそれがゴールっていうイメージでしたが、じつは社長になってからが大変なんですねえ。株価だって毎日動くから、ストレスが半端なさそう……。

ははは。株価というのは3年、5年といった中長期では会社の利益にちゃんと連動するか

ら、**しっかり経営ができていれば、毎日の株価の上下を気にする必要はない**よ。

政治家だって、日々の発言に対する批評や内閣支持率ばかりを気にしていたら、10年、20年の長期にわたって社会をよくする大きな決断なんてできない。

政治も経営も、短期の波に惑わされず、長期を見据えることが大事だからね。

「モニタリングのない世界」は、想像するだけで恐ろしい……

じゃあ、大企業へのモニタリングが効いている世の中と、そうでない世の中、長期的に見て、どちらが豊かな社会をつくっていくと思う？

当然、**しっかりモニタリングできる社会のほうが、「投資→成長→豊かさ」は上手に回りますよね。**

うん。**モニタリングがしっかり実行されることが、豊かで進んだ社会の条件**なんだ。
もしも日本に選挙制度がなくて「政治家は偉いんだから、無条件で権力を与えるべき」っていう状態だったら……。

想像しただけで恐ろしいです……。

でも、経済の世界になると、日本には株式投資の本来の仕組みが根づいていないから、「社長さんは偉いんだから、権力があって当たり前。モニタリングなんてしなくていい」と、みんな無意識に思っている。

大企業経営という権力を、市民がしっかりとモニタリングできていないんだよ。

大企業の社長さんをモニタリングするなんて、これまで考えたこともなかったです。

社長さんって人に命令するだけかと思っていたけど、**むしろ監視される立場**なんですね。

政治についても、投資の成長と豊かさのサイクルを回せる人をモニタリングして、選ばなくてはい

株式投資の本質②（大きな会社の場合）

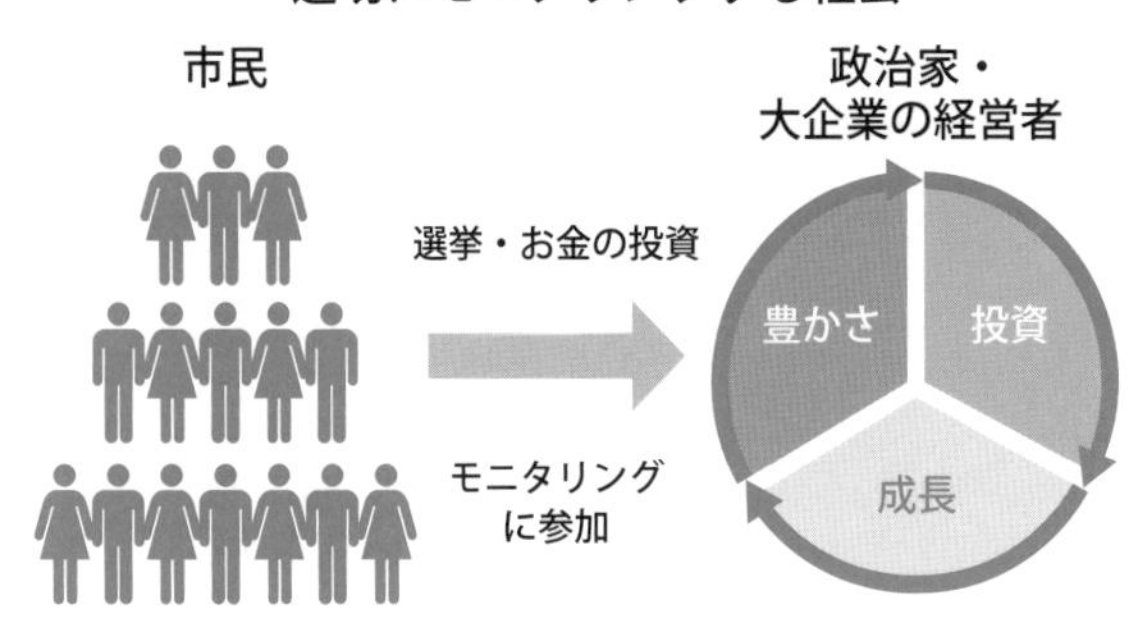

けないんですね。私もちゃんと選挙に行かないと……。

そうだね。このように**経済界の権力者をモニタリングする仕組みが、株式上場という制度が存在する近代以降の株式投資の本質的な役割**なんだ。これが日本以外の多くの先進国でおこなわれている「ごく普通の株式投資の姿」なんだよ。

日本は「株式投資の本来の仕組み」を使えていない

どう？　株式投資はあやしいものでも、怖いものでもないでしょう。世の中を豊かにするために、とても大事な仕組みなんだ。

よーくわかりました。でも**日本は、「株式投資の本来の仕組み」を使えていない**んですよね。なんだかもったいないです。

うん。この仕組みを使うためには、**大企業の経営者と個人の株主が、同じ立場にいる**ことが重要だ。残念ながら、日本に生まれて日本で生活していると、このごく普通の仕組みが

身近にないから、株式投資の本質がさっぱり理解できない。この仕組みは、世界の中で相対的に豊かな国になったあとでとくに大切になるもので、「先進国に追いつけ追い越せ」というステージではあまり必要ないからだ。

うちの父が「株はギャンブルだ」とディスっていた理由がわかったかもです。**株式投資の本質がわからないから、ただの博打やお金もうけに見えてしまう**んですね。

……ディスっていた？

あっ、ディスるって非難するってことですけど、ケイさんは無理して若者言葉を使わなくていいですからね。

う……わかりました。

でも、今日の話を聞くまでは、私も「株式投資は株価が上がったり下がったりするのを当てるだけ」と、とらえていたかも。

投資があやしいとか怖いっていう以前に、**「投資→成長→豊かさ」というサイクルや「モ**

ニタリング」といった株式投資の本質を知らないことのほうが危ない気がしてきました。

そのとおりだね。**欧米の人は、世界の中で相対的に豊かな時代が長かったので、そういうそもそもの概念が当たり前すぎて、日本人などにきちんと説明できない**っていうギャップもあったりする。

今日の話は、日本人の僕がいろいろな国の社会を訪れて、何百人という海外の経営者と話をして、やっと理解してきたのが正直なところだ。

安定した現金給料をもらえる日本の経営者、そこが問題
――大切なのは「もらっている給料の額」ではなく「何でもらっているか」

でも、このままじゃ、日本はヤバくないですか？

うん。国民が政治や株式投資にうとくて関心もないという現在の状態で、豊かな国をつくるのは難しい。

日本には本当にいい会社が多いんだけど、**日本の大企業のいちばんの問題は、ほとんどの**

企業の経営者が給料の主要部分を株式の形でもらっていないことだ。大切なのは、「もらっている給料の額」じゃない、「何でもらっているか」なんだ。

やっぱり、そこなんですね。

姫野さんが外国株に投資をすると、その会社の経営者と同じ立場に立てるけど、日本株の場合はそうはならない。**日本の経営者は大きな失敗さえしなければ、任期までは安定した現金の給料やボーナスがもらえる仕組み**になっている。

外国人の同僚と何度もこの手の議論をしてきたけど、**投資家と経営者が同じ船に乗ることが、株式投資の世界の根本**なんだ。

同じ船に乗る……。日本の会社も、そうなればいいのに。

市民と経営者が「同じ船に乗る」

まったく同感だ。

日本人だからといって、日本企業をひいきするのは間違い

そして、日本人だからといって、日本企業がつくる製品を優先して買う必要はないし、日本株を優先して買う必要もまったくない。**どこの国の会社であっても、いいものはいい、ダメなものはダメ**という目を持ってほしい。行きすぎたひいきや思い込みは、機会の損失になるかもしれないからね。

そういえば、このスマホだって海外製ですもんね。

偏見を持たず、広い視野で公平な目を持つことが大切だよ。それが日本、そして世界全体を豊かにするんだ。

いまの日本人に必要なのは、海外の会社に広く投資をして、世界レベルで社会と「同じ船」に乗ることだ。そして世界への投資で得た豊かさを日本に還流して、日本を豊かにしていくという思考だ。

「日本を豊かにしたい＝ひいき目で日本企業の株を買う」というのは正しいようで間違いだ。

かつての日本が、鎖国を解いて世界へ目を向けることで豊かになっていったように、金融の投資も海外に目を向けて富を還流していこう。

平成時代にやり残した宿題、つまり令和時代の日本人に必要なことは、金融投資における「心の鎖国」を解くことにあると僕は思う。海外への投資で維新を起こすことで、日本は大きく変わるよ。

わかりました。私、**投資をするなら、絶対に「同じ船」に乗れる会社**にします！

そして、海外も国内も偏見なく見ていきます。

そして、人生という大海原を同じ船で漕ぎ出せる相手を早く見つけます！　ああ、

日本を豊かにする開国マインドを持とう

	企業の商売・貿易	企業の事業投資	個人の金融投資
江戸	鎖国	鎖国	鎖国
明治～昭和	開国		
平成	開国	開国	
令和	開国	開国	開国へ！

今までのマインド

日本へ投資し
日本を豊かにする

新しいマインド

世界へ投資し
日本へ富を還流することで
日本を豊かにする

いつかパートナーと同じ船に乗りたいっ！

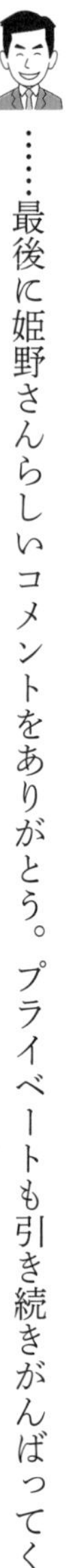

……最後に姫野さんらしいコメントをありがとう。プライベートも引き続きがんばってください。

8日目まとめ

★大企業は社会的影響力が強いため、経営者は市民・社会から厳しくモニタリング（監視）される必要がある。

★大企業への株式投資は、その企業に対するモニタリングという役割がある。

★欧米の経営者は報酬の大部分を株式でもらうため、投資家と同じ船に乗ると同時に、長期的に業績を上げるモチベーションが高くなる。

★日本では経営者の株による給料の割合が小さいため、モニタリングの効果が働きにくい。

【講義9日目】「いいファンドマネージャー」を見分ける「3つの基準」をとことんやさしく解説

経済の投票を「誰にまかせるか」で社会の豊かさが決まる！

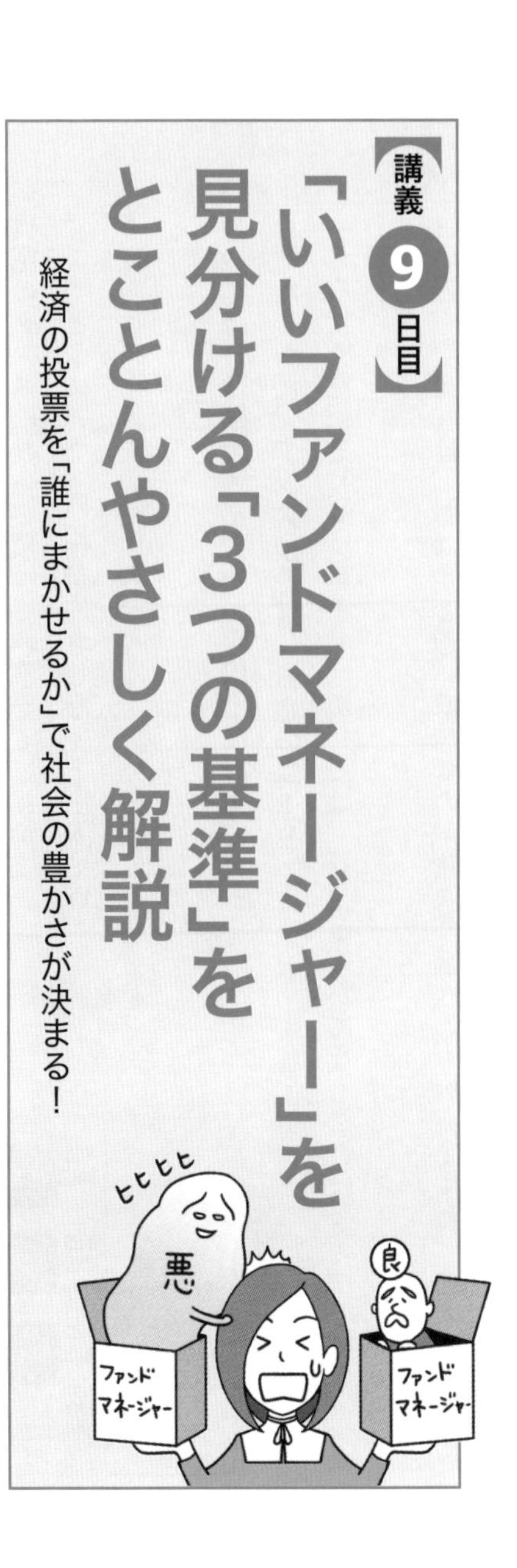

社会参加をしない「タンス預金」はお金のニート!?

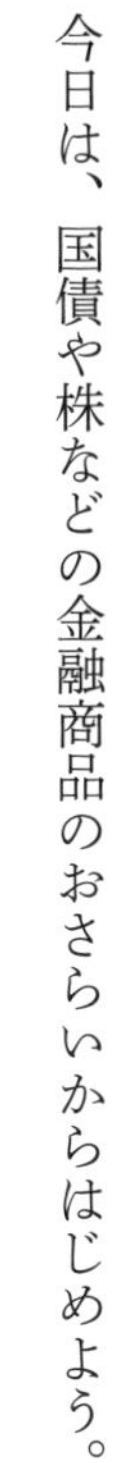

今日は、国債や株などの金融商品のおさらいからはじめよう。

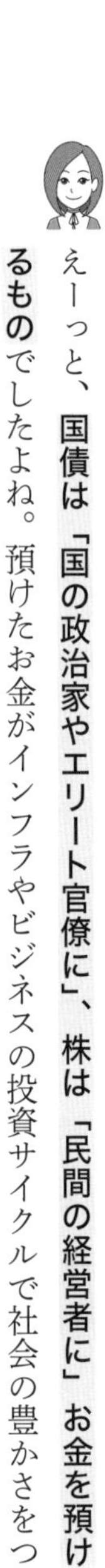

えーっと、**国債は「国の政治家やエリート官僚に」**、**株は「民間の経営者に」お金を預けるもの**でしたよね。預けたお金がインフラやビジネスの投資サイクルで社会の豊かさをつ

くると、預けたお金は多くなって戻ってきます。

よし。では、この2つの金融商品に**現金や銀行預金**を加えて、社会モニタリングや応援の関係を考えてみよう。下の図を見てください。

ふむふむ。お金を社会参加させず、**現金を手元に持っている状態は「タンス預金」**というんですね。自宅のタンスにお金を預けているってことか。ずーっと家にいて、社会参加もしない……人でいうならニートみたいですね。

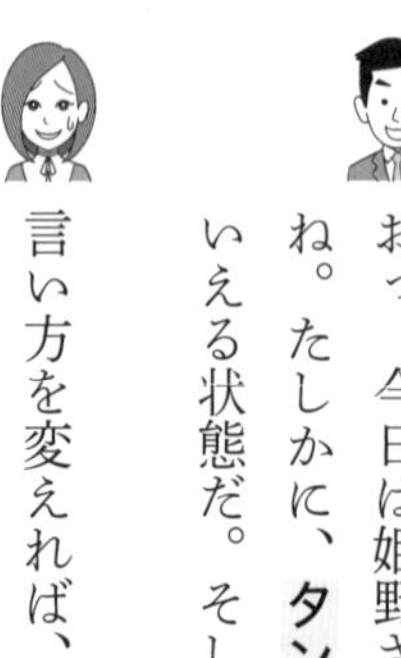

おっ、今日は姫野さん、いつも以上に冴えているね。たしかに、**タンス預金は「お金のニート」**といえる状態だ。そして、ニートばかりでは、社会が豊かになることはない。

言い方を変えれば、ちょっと悪い意味での「箱入り娘」ともいえますね。

お金を社会参加させよう（イメージ図）

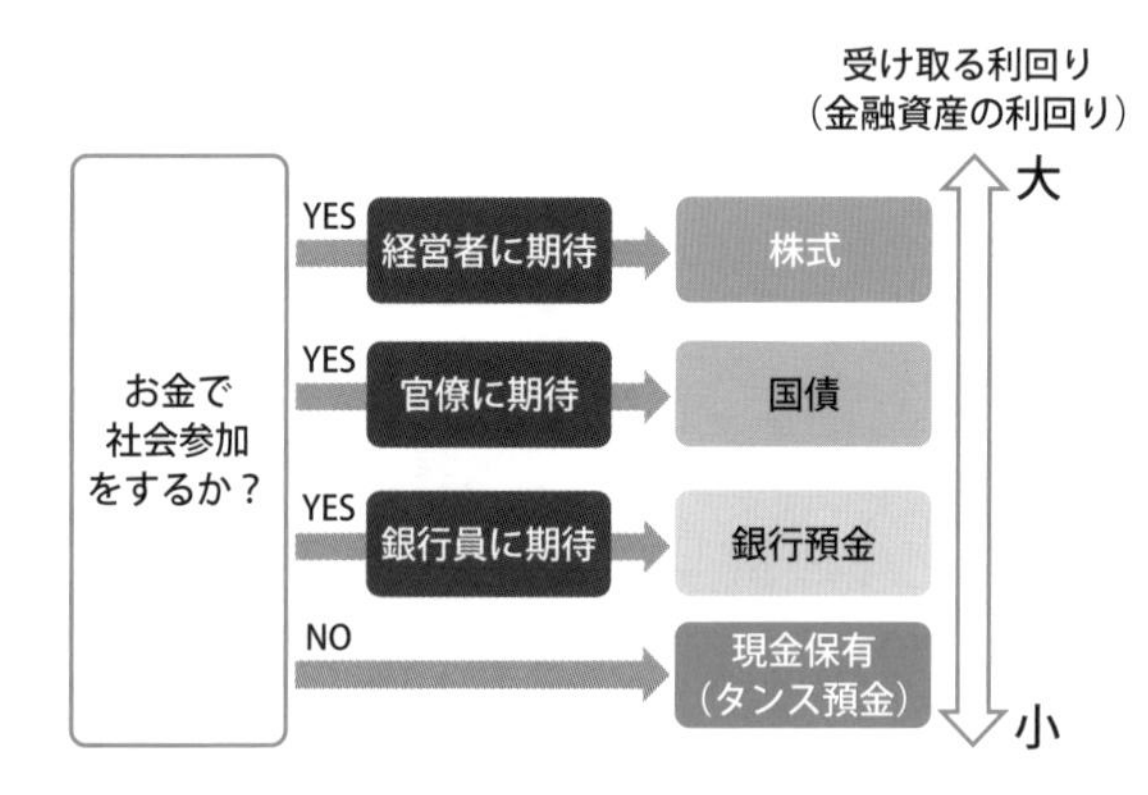

一歩外に出れば、危険があるし苦労もするけど、箱の中にいたら成長しない。**外に出れば成長もするし、世の中の役に立つ**と思うんです。これって、お金も同じじゃないですか？

おお。今日はキレキレだね。姫野さんが僕より大人に見えてきた。
すべての人が子どもやお金を家にかくまったら、投資も成長もないし、モニタリングもされない。ひどい世の中になってしまう。

お金も、親元から離れて自立させないといけないんですね。

エリート官僚と民間の経営者、どちらに期待するべき？

では次に、**銀行預金、国債、株という形でお金を持っている状態**を考えていこう。

これらのお金は社会参加していますよね。

そう。いずれも社会を豊かにするための、生きたお金になっていく。

国債も銀行預金も株も世の中を豊かにしようとするものだけど、**違いは「期待を込めている相手」**だ。**国債は「政治家やエリート官僚の役割」に、銀行預金は「銀行員の役割」に、株は「経営者の役割」に期待している**わけだよね。

はい。で、素朴な疑問なんですけど、この3つはどれがいいんでしょう? インフラとかビジネスとか、そもそも投資の対象が違うから、良いも悪いもないのかもしれないけど……。

いい疑問だ。
その答えは、**どれが「投資→成長→豊かさ」のサイクルで、いまの世の中をより豊かにできるか**だね。**どれがいいかは、経済発展のステージによって違う**んだ。次ページの図を見てみよう。

新興国や先進国の違い……ですか。

発展途上の新興国なら、国や官僚の主導で基本的なインフラをつくることが世の中にとって最も大切だろう。

その後の中進国では、製造業などの「基幹産業」を銀行主導で育てていくことが、世の中を豊かにしていく近道だ。

そして、**先進国になってからは、「新しいこと（イノベーション）」や、すでにある「豊かさのモニタリング」、つまり株式投資などが主役になる。**

なるほど。金融商品の良し悪しじゃなくて、それが**「いまの社会を豊かにするために必要なもの」**であることが大事なんですね。

そのとおり！　そして、先進国のステージにおいて官僚と経営者、どちらが投資がうまいのかについては、20世紀に世界中の学者や政治家、市民を交えて大激論がなされたんだ。

「官僚に国家のすべての投資をまかせる

経済の発展ステージと社会のしくみ

	新興国	中進国	先進国
社会の豊かさへ必要なこと	インフラ整備	基幹産業の育成	イノベーション・モニタリング
投資の実行者	国営企業	民間企業	民間企業
投資の監督者	政府・官僚	銀行	ファンドマネージャー
市民の投資先	国債（預金）	預金	株式（投資信託）
	貯蓄の世界	貯蓄の世界	投資の世界

べき」と考えたのが旧ソビエトなどの東側、「民間の経営者の力を活かそう」としたのがアメリカなどの西側だった。

結果、アメリカなどの西側が大勝利した。数十年の壮大な社会実験を経て、**世の中の豊かさは民間の経営者にまかせたほうが全体としてはうまくいくこと**がわかったんだ。

おお。民間の経営者が勝ったんですね！

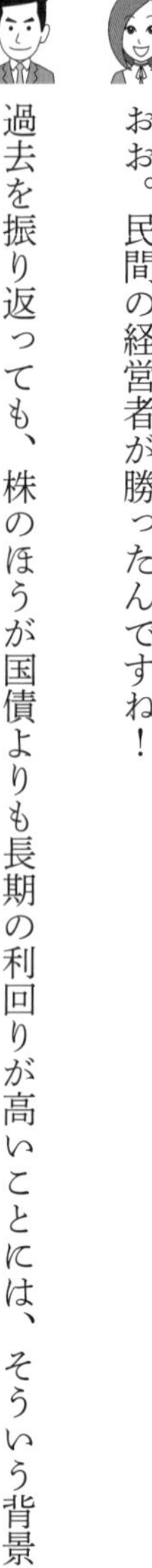

過去を振り返っても、株のほうが国債よりも長期の利回りが高いことには、そういう背景がある。経営者は官僚よりも「投資の自由度」が高いという側面もあるしね。

じゃあ、手元のお金は、長期で経営者に預けるのがよさそうですね。つまり、株です。

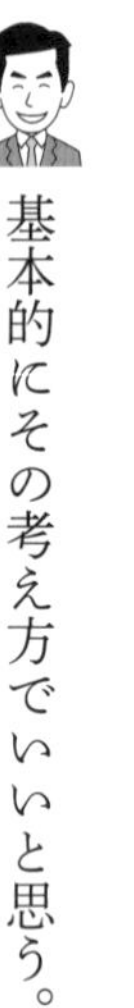

基本的にその考え方でいいと思う。
ただし、**その経営者は欧米のように、給料の大半を自社の株でもらって、適切にモニタリングされる立場であること**が条件だ。
繰り返しだけど、**経営者と株主が同じ船に乗っているのが、普通の株式投資の姿**だからね。

市民の代わりに投資をするのが「ファンドマネージャー」

でも私、どの経営者に投資したらいいかとか、ましてや経営者のモニタリングなんて、さっぱりわからないです。だって会社って、何千社、何万社ってあるんですよ！


そうだよね。普通の人は仕事や家事などで毎日忙しくしているから、経営者を精査する時間なんてない。

そこで、**みんなの代わりに経営者を選んだり、モニタリングしたりする人が必要**になる。

それが**投資信託を運用する「ファンドマネージャー」**という人たちだ。下の図を見てほしい。

「ファンドマネージャーって何者？」と思っていましたけど、**私たちの代わりに企業の応援やモニタリングをする仕事をしている**んですね……なるほど。
あっ、私はそのファンドマネージャーがいる会社に

ファンドマネージャーの役割

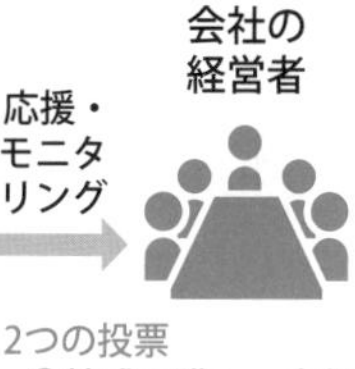

入ったんだった（笑）。

彼らが本格的に登場したのは、**1940年にアメリカで「投資会社法」という法律ができてから**だね。これは一般市民のお金を集めて、投資やモニタリングをしていくルールについて厳格に定めたものだ。

へえー。**アメリカで80年くらい前に定着した職業**なんですね。でも、日本人にはなじみが薄いですよね。

日本では、まだまだ日が浅いね。僕が20年前、「資産運用会社に入ってファンドマネージャーの仕事をしたい」と親父に伝えたら、「そんな仕事は聞いたこともない。あやしい仕事はやめておけ！」と反対されたよ（笑）。

ケイさんにも、親とぶつかった若かりし日があったんですねえ（笑）。代理人に投資をしてもらうのはわかりましたけど、ファンドマネージャーについてもっとくわしく知っておきたいです。私の大切なお金を預けるわけですから！

みんなからお金を集めたファンド、つまり**投資信託を運用する人たちは、誰でも「ファンドマネージャー」と呼ばれる。**

別に資格があるわけじゃないから、名乗るのは簡単だ。正直、なかにはイチかバチかでお金を増やそうとする、あやしい博打打ちのようなファンドマネージャーもいる。

でも、**「投資→成長→豊かさ」という投資サイクルを踏まえて、「正しい資産運用」を実行しているファンドマネージャー**もたくさんいる。こちらの人たちのことを、しっかり理解していこう。

はい。私のお金は、ちゃんと投資で世の中を豊かにする人に託したい！

「いいファンドマネージャー」の「3つの基準」とは？

「いいファンドマネージャー」の条件は、**次の「3つの基準」で、投資（投票）の判断をしているか**どうかなんだ。

世の中を豊かにする「いいファンドマネージャー」の「3つの基準」

❶ロングターム：長期の視点
❷ボトムアップ：事業そのものを見る視点
❸インセンティブ：同じ船に乗っているかどうかを見る視点

❶ロングターム

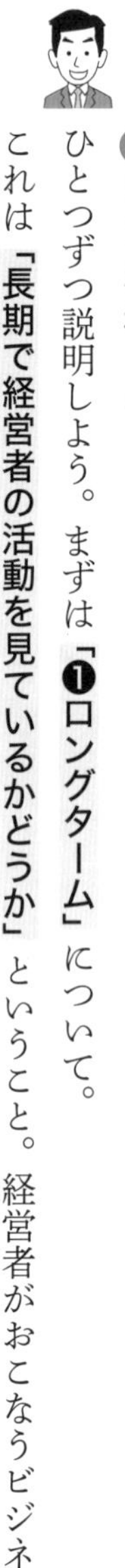

ひとつずつ説明しよう。まずは**「❶ロングターム」**について。
これは**「長期で経営者の活動を見ているかどうか」**ということ。経営者がおこなうビジネスへの投資は、すぐに結果が出るものじゃない。
たとえば、姫野さんの好きな小さなアパレル会社で考えてみよう。
「自分たちがつくる服を世に出したい」と考えた経営者は、制作や営業など、いろいろな人を動かす必要がある。さらにアパレルショップに服を置いてもらったり、メディアに取り上げてもらったりと、事業が社会に浸透していくには、最低でも数年かかるだろう。

たしかに、私が発掘したブランドも有名になるまで、3年くらいかかっていたかも。

事業で成果を出すには時間がかかるから、それへの投資もじっくり待つ必要がある。有望な企業を見つけたら、**実際に事業がうまくいき、成長に比例して株価が上がるまでじっと我慢して待てる。**それがいいファンドマネージャーだ。**「我慢＝ペイシェント」というのは、博打ではない真の投資の世界では、いちばん重要なこと**ともいわれている。

なるほど。結果が出るまで我慢して待つ、ですか。私はせっかちだから、ファンドマネージャーには向いていないかも……（笑）。

❷ボトムアップ

次は**「❷ボトムアップ」**。
株式投資のアプローチは、大きく分けて「ボトムアップ」と「トップダウン」の2つある。

ボトムアップ・アプローチ

企業の経営そのもの、つまり事業の「投資→成長→豊かさ」を考えて株式投資をする。アパレルブランドでいえば、「その会社の服が多くの人を幸せにしているか」「経営者が正しい投資をしているのか」を考えて投資の判断をする。最低でも3年以上の長期視点になる。

トップダウン・アプローチ

政治家、中央銀行、経済全体といった、会社の経営者の影響力とは関係ないところの発言や現象を予測して株式投資をする。基本的に、1年以内の短期視点になる。

えーと、**経営者を応援したりモニタリングしたりという本来の株式投資の姿は、「ボトムアップ」**ですよね。私の好きなブランドには、政治や景気とは関係なく、素敵なお洋服をつくりつづけてほしい。そういう夢にお金を託したいです！

そうだね。**社会を豊かにする本来の株式投資は、間違いなく「ボトムアップ」**だ。でも、株価は日々発表される経済統計や政治家の発言によって上下してしまうので、**素人ほど株式投資を「トップダウン」でとらえがち**なんだ。

たしかに、株価って会社の業績だけじゃなくて、景気とかによって上下しますよね。日経平均株価が下がると、困った顔をしている街の人がよくニュースになるし。

うん。でも、それは株式投資の本質じゃない。

長期の株価は、その会社が「世の中をどれだけ便利で豊かにしているか」に比例して動くものだから、投資は「ボトムアップ」で、長期で利回りをとっていけばいい。

❸インセンティブ

そして最後の**「❸インセンティブ」**。

これは前にも説明した、経営者の給料のもらい方だ。**経営者が株主と「同じ船」に乗っているかどうかは、株式投資の非常に大切なポイント**だからね。

経営者が自社株で給料を受け取っていない、業績と連動しない固定給をたくさんもらっているという会社への投資は避けなくてはいけない。

自分のお金を上手に社会参加させるコツは？

「3つの基準」、よーくわかりました。簡単にいえば、ファンドマネージャーが、

❶長い目で企業を見て、投資していますか？

❷ビジネスの成長を通じた社会の豊かさに投資していますか？

❸私たちと同じ船に乗っている経営者を選んでいますか？

ということですね。

そのとおり。投資信託を使って「お金の社会参加」をするときは、この3つの基準でファンドマネージャーが「きちんとした株式投資の役割を果たしているのか」を考えていくことだ。これは、**個人がファンドマネージャーに頼らず、自分で個別の会社へ株式投資をする場合もまったく同じ**だ。

私も早く投資をしてみたくなってきました！

今日学んだ「3つの基準」を満たしたファンドマネージャーの投資信託で……それから、私の人的資産のバランスをとるために、世界の企業へ投資できるものがいいかな。

うん。そうすれば、姫野さんのお金の社会参加は、**社会を豊かにするし、自分の人生のバランスも整っていく**ね。

自分のお金が社会参加……うーん、投資ってすごいですね！　市民の代理人としてお金を

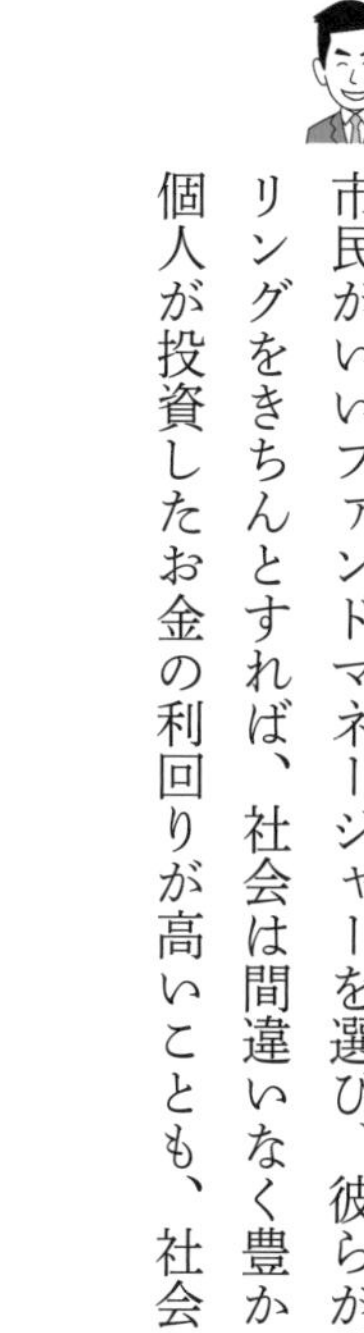

運用するファンドマネージャーには大いに期待します！
あっ、私の会社がそれをやるんだった。熱くなって、また忘れていました（笑）。

市民がいいファンドマネージャーを選び、彼らが世の中を豊かにする会社の応援やモニタリングをきちんとすれば、社会は間違いなく豊かになっていく。
個人が投資したお金の利回りが高いことも、社会の豊かさと個人の幸せにつながるしね。

9日目まとめ

★民間企業の株への投資のほうが、国債の投資よりも長期的な投資利回りが高い傾向が見られる。

★ファンドマネージャーの投資先選びの方針は、市民が買うべき投資信託の基準になる。

★「❶ロングターム」「❷ボトムアップ」「❸インセンティブ」の3つの条件をクリアしているファンドマネージャーは、市民の代理人として社会を豊かにする役割を果たしている。

【講義10日目】
なぜ世界の株は、利回りが高いの？その「5つの理由」を教えます
応援とモニタリングが正しく続けば、世の中の豊かさは増えつづける

世界の株に大きく水をあけられた日本株、その「5つの理由」は？

ケイさん、こんにちは！

この前の講義で投資熱が高まって、証券会社のホームページで世界株式の投資信託をいろいろ見てみたんです。そこで、ちょっと疑問があるんですけど……。えーっと、79ページで**世界の株への投資の利回りが高くて、日本株がいまひとつだった**のを見せてもらったじゃないですか。

それは、日本より外国のほうが「投資→成長→豊かさ」のサイクルがうまく回っているか

ら、というのが背景なんですよね。

そのとおり。**金融商品の利回りは、社会の豊かさの増加に比例する**からね。

私の疑問は、**「どうしてそんなに大きな差がついてしまったのか」**ってことです。日本にもいい会社はたくさんあるし、海外にもダメな会社はあるはずです。だからもう少し、海外の株式について教えてください。

超グッドクエスチョン！
いままでの講義でも多少その理由を紹介したけど、今日はくわしく整理してみよう。
世界の株の利回りが高い理由は、次の5つに整理できる。

世界の株式の利回りが高い「5つの理由」

①経営者の給料のもらい方（主に株で受け取る）
②経営陣が置く目標の高さ
③不良企業の株価指数・株式市場からの脱落

④長期視点ボトムアップ型のファンドマネージャーの活躍
⑤市民の株式会社・株式投資に対する理解の高さ

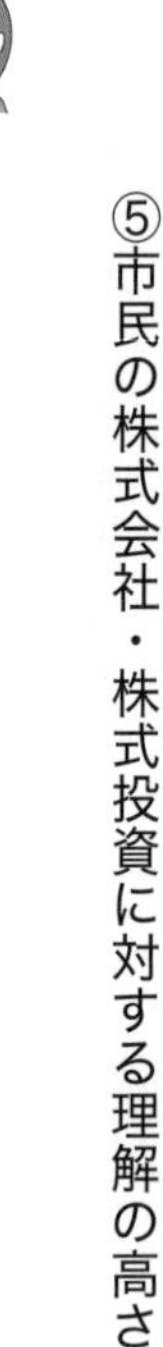

わわ、なんだか難しそう……。

ひとつずつ説明していくから大丈夫。ついてきてください。

「長期の経営成績」に対して責任を持っているか

まずは**「①経営者の給料のもらい方」**。これは何度も登場した、市民と「同じ船に乗っている」という状態をつくるということだね。

海外の大企業の経営者は、給料の多くを株式の形で受け取る。

課長、部長クラスの管理職でも、給料の一定額を自社の株で受け取る。実際に、僕もそうやって給料の一部をもらっているしね。

さらに「3年、5年といった一定期間はそれらの株を手放せない」とか「先の数年間に分けて今年の給料の一部を株でもらう」といったルールになっていることが多い。

だから、**経営者や管理職のモチベーションがとても高くなる**んだ。

たしかに、日本企業のように現金でもらえるなら、長期の業績や株価にシビアじゃなくなるかも。

そう。長期で見ると、この違いは大きな差となって、利回りに出る。
日本の会社でも、いわゆる**「オーナー企業」と呼ばれるような、創業者が自社株をたくさん持っている会社は、長期的なパフォーマンスがいい**といわれているよ。

「お給料を何でもらうか」によって、長い目で見たときに違いが出るってことですね！

欧米企業の目標数値は、日本よりもはるかに高い

次に**「②経営陣が置く目標の高さ」**について。
大きな会社において投資がうまくいっているかどうかは、さまざまな数値で計られる。
「投資したお金がどれだけ豊かさに変わっているのか」というモノサシだね。

この目標値について、**欧米の企業は日本企業の1・5倍から2倍くらいの数値を設定している**んだ。

えー！　**目標数値が倍も違う**んですか？

倍の目標をめざしているんだから、当然、株価の利回りにも大きな差が生まれる。

目標が高ければ、それを達成しようと、いろいろな工夫も生まれますよね。

そうだね。ただ、弁護をすると、日本の多くの社員は真面目で、努力家で、きめ細やかなサービスをお客さんに提供している。しかし、**会社全体の目標がこれだけ違うと、末端の社員がどれだけがんばっても限界がある**。やっぱり大きな方針は大事だからね。

海外の経営者は、より高みをめざして、自らにプレッシャーをかけているというわけですね……。

日本は「株価指数のメンバー基準」が甘い

次は、**「③不良企業の株価指数・株式市場からの脱落」**だ。「日経平均株価」とか「TOPIX」（トピックス）は聞いたことがあるよね。これらは「株価指数」といって、日本の主な上場企業を集めて集計したものだ。

株価指数なら聞いたことがあります。ニュースでよく見るやつですね。アメリカなら「NYダウ」とか。

欧米では、②で説明したような**高い収益目標を達成できない会社は、株価指数から積極的に外されていく仕組み**になっている。自国の株価指数を国際競争のもとで魅力的なものにしよう、常にドリームチームにしよう、というわけだ。

株価指数のメンバーとして選ばれるために、がんばらないといけないわけですね。

一方、**日本の株価指数は、いい会社も悪い会社も含んだものが代表指数となってしまって**

いるんだ。

証券取引所、指数算出会社、大企業の間で、正しい牽制が働いていないことが理由だね。

それに、日本は取引所の退場基準もゆるくて、「ゾンビ企業」といわれる会社にプレッシャーがかからないことにも大きな問題があるんだ。

それじゃ、競争が働かない……。

投資のプロが長期の運用成績を比較するとき、日本では「ＴＯＰＩＸ」、米国では「Ｓ＆Ｐ５００」という指数がよく使われる。この２つをくらべてみよう。

TOPIX（日本）

東証一部に上場するすべての会社（約2000社）を対象にした株価指数。優良企業も力の衰えたゾンビ企業も一緒くたになっている。過去の事業の利益率は8%ほど。

S&P500（アメリカ）

アメリカの複数の株式市場に上場する精鋭の500社によって構成される。民間の指数算出会社によって随時、入れ替えがおこなわれる。過去の事業の利益率は日本の倍近い15%ほど。

アメリカのほうが厳しいですね。**だからこそ、信頼できる**感じ……。

日本で使われている株価指数は、一部上場といった企業側のブランドを守ることに重きが置かれていて、**投資家の視点に立っていない**んだ。
株価指数の問題は個々の企業の問題ではないけれど、国を代表している株価指数が投資家にとって魅力的ではない。それが**指数で見たときの日本と欧米の株の利回りの大きな差**になっている。

株価指数に魅力がないと、みんながその国に投資してくれない。それは大問題ですよね。

欧米で根づいている「ファンドマネージャー」という職業

次は、**「④長期視点ボトムアップ型のファンドマネージャーの活躍」**について説明しよう。

これは、投資信託（ファンド）をつくっている投資のプロ側の話だ。

欧米では、昔から**「ファンドマネージャー」という仕事が確立している。**

たとえば、僕らが働いている外資系の資産運用会社では、20世紀半ばにはじまったグローバル株投資のファンドが、4世代にわたってファンドマネージャーを引き継ぎ、何十年も同じ投資方針で運用されている。もちろん、9日目（146ページ）に紹介した❶と、❷と、❸の基準をクリアしながらね。

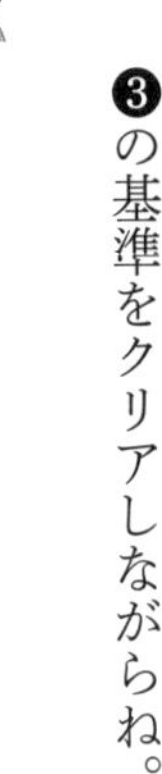

へえー。ひいお爺さんから孫の代まで同じファンドで運用している、という感じですか。すごいですね。

残念ながら、日本にはまだそういった歴史ある有力ファンドはほとんどない。
現状、日本人がやっているファンドは日本株のみに投資しているものが多く、一貫した投資方針を引き継いでいるファンドもほとんど見当たらない。要するに、**日本ではファンドマネージャーがおこなうべき「応援やモニタリング」の土壌が、まだできていない**ってこと。
もちろん外国のファンドマネージャーは、日本の会社を偏見なく世界と同じ基準で見るんだけど、言葉の壁や文化の違いなどの理由で、日本企業への正しい牽制はまともに働いていない。

日本でファンドマネージャーが根づかない理由は？

うーん。たしかに日本では「ファンドマネージャーって何者？」って感じですよね。

欧米では正しい投資を実践するファンドマネージャーは尊敬を集めている。実際にみんなのお金を大きく増やして、社会を豊かにする役に立っているからね。

いちばん有名なのはウォーレン・バフェット氏かな。

あっ、聞いたことあります。すごい長期で企業を見て投資をする人で、世界で何番目かのお金持ちですよね？　大統領とかにも意見を求められるとか！

うん。加えて、これも歴史が違うから仕方ないんだけど、ファンドマネージャーを教育する大学や大学院のカリキュラムの厚みがまったく違う。**投資のプロの卵を年間何百人も何千人も社会へ輩出していること**も、世界株の利回りの高さにつながっているだろうね。

そうか。**日本では、きちんと投資を学べるところが少ない**んですね。

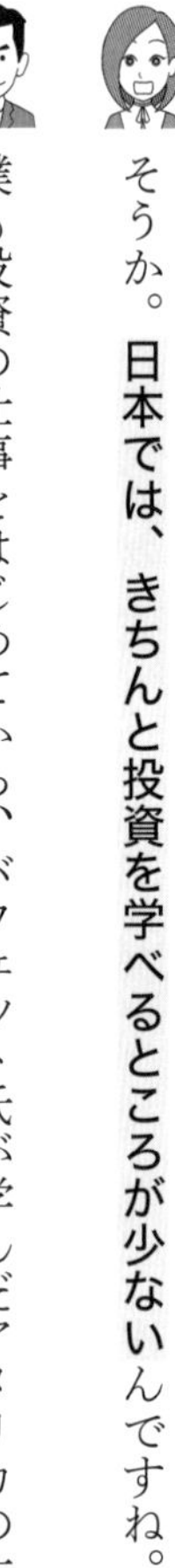

僕も投資の仕事をはじめてから、バフェット氏が学んだアメリカの大学院でいろいろなカリキュラムを勉強し直した。
そこで学んだのは、数学や統計やらの細かくて難しい話ではなく、もっと根本的なものなんだよ。いま、その一部を姫野さんに教えているんだけど……。

え！　私、そんなすごいことを教わっていたんですね……。

選挙や株式投資なしでは、日本人の未来は危うい

最後に、**「⑤市民の株式会社・株式投資に対する理解の高さ」**だ。

つまり、一般市民がどれくらい投資の知識を持ち、企業の支援やモニタリングに参加しているかだね。読み書きの能力を英語で「リテラシー」というけど、市民の**「投資リテラシー」**というやつだね。

私、ファッションリテラシーは自信があるんですが、「投資リテラシー」はまだまだ……。

「プロローグ」でも話したけど、お金の話はセンシティブだから、身内からでないとなかなか学ぶことができない。
また、日本はまだ例の投資家と経営者が同じ船に乗っている状態でないから、**日本株だけに触れていると、株式投資の「投資→成長→豊かさ」という感覚を養うことが難しい**んだ。

つまり、日本人の「投資リテラシー」が低いわけですね。

うん。**「投資リテラシー」が低い国の株式投資の利回りは、どうしても低くなる。**大企業の経営陣へのモニタリングが効かないと、投資サイクルはうまく回らないからね。
外国人のファンドマネージャーが日本企業のモニタリングにトライしても、経営者が英語が苦手だと逃げてしまって、外国人のファンドマネージャーがモニタリングをあきらめてしまうことも多いんだ。

日本人って平和ボケなんでしょうか。選挙の投票率も低いし。

選挙に行かない国民が多い国に、いい政治が根づくことはない。同様に、**市民が株式投資をしない国に、社会を豊かにする優良な投資サイクルが根づくことはない。**

う〜ん。身につまされます。

少し長くなったけど、なぜ世界株の利回りが高いのか、そして日本株の利回りと大きく差がついてしまっているのかわかったかな。

日本とアメリカで「社会の仕組み」が全然違う！

今日の講義でよくわかりました。日本にかたよりがちな資産のバランスをとるためだけじゃなく、海外の株式投資って魅力的ですね。

うん。今日はいろいろ説明したからお腹いっぱいだろうけど、最後にもうひとつだけ、姫

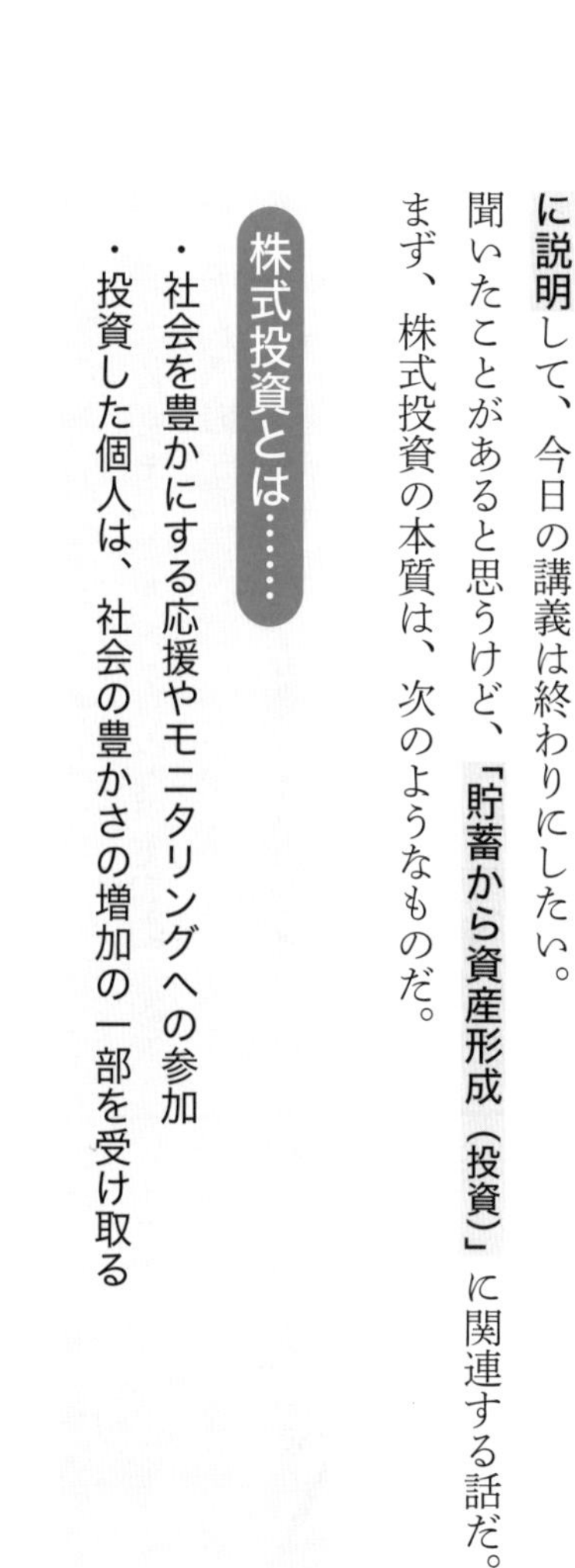

野さんの「投資リテラシー」を高めるために、**欧米と日本の世の中の仕組みの違いを簡単に説明**して、今日の講義は終わりにしたい。
聞いたことがあると思うけど、**「貯蓄から資産形成（投資）」**に関連する話だ。
まず、株式投資の本質は、次のようなものだ。

株式投資とは……

・社会を豊かにする応援やモニタリングへの参加
・投資した個人は、社会の豊かさの増加の一部を受け取る

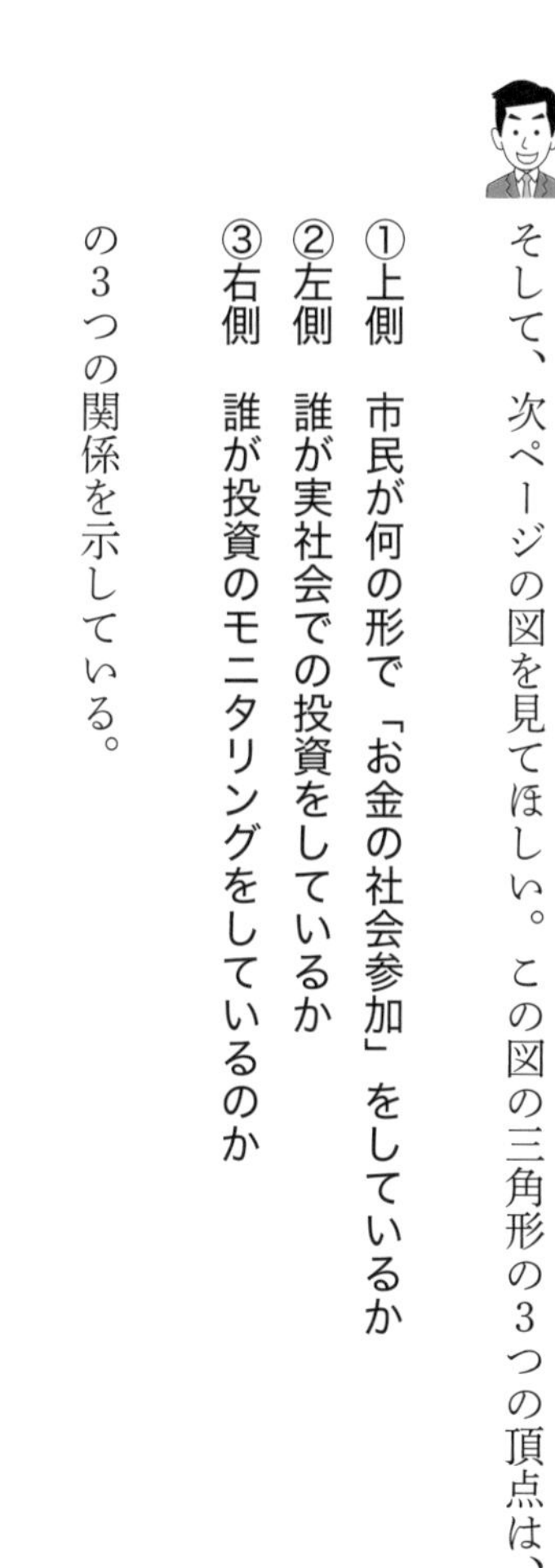

そして、次ページの図を見てほしい。この図の三角形の3つの頂点は、

①上側　市民が何の形で「お金の社会参加」をしているか
②左側　誰が実社会での投資をしているか
③右側　誰が投資のモニタリングをしているのか

の3つの関係を示している。

複雑な世の中を極端にシンプルにしているけど、僕の海外の仕事仲間と、旧ソビエトや中国、日本の経済構造を話すときに評判がいい。

えーっと、三角形の上側（①）の市民が持っているお金の形……左は預貯金・国債で、右は株式なんですね。
左側（②）の投資をしている人たちは、左は国営と民間企業、右は民間企業。
そしてそれをモニタリングしている右側（③）は、左が政府や官僚や銀行、右がファンドマネージャー。……うーん、**登場する3者がまったく違います**ね。

左側の三角形は、「間接金融」とか「統制経済」といわれるもの、**右側の三角形は「直接金融」とか「自由経済」**といわれるものだ。

経済の発展ステージと社会の仕組み

新興国・中進国のステージ

預貯金・国債
①
豊かさ　投資
成長
②　③
国営・民間企業
政府・官僚・銀行

先進国のステージ

株式（投資信託）
①
豊かさ　投資
成長
②　③
民間企業
ファンドマネージャー

「世の中を豊かにする」という点では、とくに先進国では、どちらが優れているかな？

20世紀後半に旧ソビエト側とアメリカ側でケンカしたやつですね。
いろいろあったみたいですけど、豊かになった世の中をさらに豊かにするのは右側の三角形ですよね。やっぱり自由万歳、ってところでしょうか？

そのとおり。
過去20年くらい日本でいわれている「貯蓄から資産形成（投資）」というのは、世の中の仕組みを左の三角形から右の三角形へシフトして、「もっと日本を豊かにしよう」という大号令なんだ。すでに先進国になった日本に必要なのは、イノベーションや経営者のモニタリングだからね。
いずれにしても、**この図を見て世の中の仕組みをよく考えてみてください**。姫野さんが個人で投資をするうえでも、投資の仕事をするうえでも、とても大事なポイントがたくさん詰まっているから。

はい！

繰り返しになるけど、**「正しい株式投資」**は、とくに先進国となった社会がより豊かになるために必要なことなんだ。

姫野さんも、それにしっかり参加して、自分も社会も豊かにしていってください。

10日目まとめ

★世界株の利回りが高いのは、次の「5つの理由」による。

①経営者の給料のもらい方

②経営者が置く目標の高さ

③不良企業の株価指数・株式市場からの脱落

④長期視点ボトムアップ型のファンドマネージャーの活躍

⑤市民の株式会社・株式投資に対する理解の高さ

★①～⑤の結果として、投資のサイクルがうまく回り、世の中が豊かになっている。

第3章 さあ、「本当の投資」をはじめよう

【講義11日目】

結局、何をどうすればいい？ まずは「正しい投資」の3大ステップを実践しよう

自分自身の真の資産バランスを知れば、何に投資すべきかが見えてくる

身につけた知識を誰かに話すことは勉強になる

おはようございます！　先日ＳＮＳに「姫野、投資デビューに向けて準備中です！」とアップしたんです。

おっ、いよいよだね。がんばれー。

で、じつは困ったことが……。
来週末に友人女子6人で食事会をするんですが、みんなが「投資に興味があるから教えて」と言いだして、私が**みんなに投資のレクチャーをする**ことになってしまったんです。
つい、「まかせて！」なんて大見得を切ってしまい、カウントダウンがはじまっております。ヤバいです……。

それはいい機会じゃない。**自分が理解してきたことを誰かに話すのは勉強になる**よ。

ケイさんの話は理解したつもりですけど、自分で話すのはまた別というか……実際にどんな金融商品を選べばいいのか、まだわからないですし。
……ケイさん、代わりにみんなの前で話していただけないでしょうかっ！

それはダメです。自分でやってください。

ですよね。私、投資の会社で働いているのに、しどろもどろになったらどうしよう……。
このままでは姫野家末代までの恥さらし、ご先祖様、ごめんなさい！

ははは。僕がしてあげられるのは、いままでの講義を別の角度でまとめることかな。**「為替」の話や「具体的な投資商品の選び方のコツ」といった重要な話**も、これからしていくよ。

ありがとうございます！　ケイさん、あなたは神です、神。これからの講義も永久保存版です！

人生を豊かにする「正しい投資」の3大ステップとは？

じゃあ、まずは具体的な投資へのステップからはじめよう。「正しい投資」をするためのステップは次の3つ。ステップ❶と❷はこれまで説明してきたものだけれど、簡単におさらいをしておこう。

「正しい投資」の３大ステップ

ステップ❶「真の自己資産」（人的資産＋金融資産）と、そのバランスを把握する
←
ステップ❷　２つのバランスを意識しながら投資を実行する
←
ステップ❸　１年に１度、見直しをおこなう

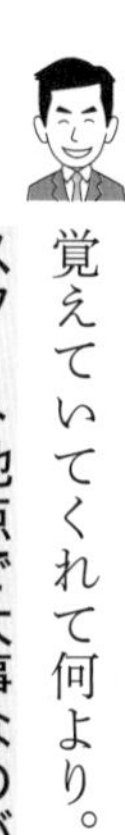

ステップ❶は『真の自己資産』の把握ですね。
えーと、人的資産と金融資産という2つの資産をトゥギャザーさせて、「国内 or 海外」と「安定 or 成長」という2つのバランスがどうなっているかを見る……でしたよね？

覚えていてくれて何より。
スタート地点で大事なのが、じつはとても大きい人的資産の存在だ。人的資産の把握をすっ飛ばすと、最終的にとんでもないポートフォリオが仕上がってしまうので、本当に要注意だよ。

ステップ 1-1 自分の人的資産を計算する

人的資産：将来の予想年収の現在の価値。電卓でざっくりと計算しよう

人的資産の計算は、ある程度、大雑把に考えるのが大事なんですよね。私の場合はざっくり、1・5億円でしたよね。ふふふ。でも、現在の金融資産はたった20万円の預金だけ。1・5億円とくらべると、ごくわずかです。

「国内と海外」「安定と成長」のバランスを考える

次は、**2つの資産をトゥギャザーしたポートフォリオの2つのバランス**について考えていこう。

ステップ 1-2 2つのバランスについて考える

・「国内と海外」のバランス

これまでの教育や、自分の給料のもとになる「お客さんが誰なのか」で考える。
姫野のケース：日本で生まれてずっと日本で教育を受けた。外資系企業に入社するも、顧客は日本人。英語は少々できるが、日本法人以外で働けないため、人的資産は、100％日本資産と考えた。

・「安定と成長」のバランス
自分が住む国の雇用の安定度などで考える。
姫野のケース：日本は雇用が安定しており、「健康」と「働く意思」さえあれば、安定的に収入を得られる可能性が高い。年収500万円程度は、この先も継続的に見込める安定資産として考えた。

いまの私のバランスはというと……。**国内資産100％、安定資産100％。**海外資産も成長資産もないので、バランスをとるどころか、かたよりまくりですね（笑）。

うん。でも、これで資産運用を考えるための出発点ができた。

「世界での日本の立ち位置」を理解しておこう

ステップ❶が終わったら、ステップ❷に進もう。

ステップ② 2つのバランスを意識しながら投資を実行する

人的資産：自分の人的資産を高めるため、引き続き自己投資を続けよう
金融資産：**身軽な金融資産は、ステップ❶のバランスを整えるために活用しよう**
＊日本と海外の今後の経済成長力という視点も大切。

えーっと、私がやるべきなのは……**バランスをとるために「海外資産」と「成長資産」を増やしていくこと**ですよね。

資産のバランスを考えるにあたっては、**海外と国内、それぞれの過去と未来の経済成長についての大きなイメージ**を頭に入れよう。

20世紀後半、昭和の時代まで日本の成長は、世界よりもかなり高かったけど、平成から足

下の30年ほどは、明らかに世界に見劣りしていたよね。

はい。その間の日本の賃金の伸び（人的資産に関連）や金融資産の利回り（金融資産に関連）は、世界とくらべても、とても低かったですよね。

そのとおり。**金融商品の利回りは、成長して豊かになった世の中の一部を受け取ること。**
だから、**経済成長の大小は利回りの大小に強く関係してくる。**

金融投資の基本サイクル

みんなが金融商品を買う↓世の中への「投資」にお金が流れる↓世の中が成長する↓世の中の豊かさと幸せが増加する↓**豊かさの一部は金融商品の利回りで還元される**

……ということは、**これからの世の中を豊かにしていく資産に投資**をしなきゃ。

そうだね。タイムマシンでも持っていないかぎり、未来は誰にもわからない。でも、世の中で一般的にいわれていることは「知恵」として理解しておこう。次が多くの識者や調査

機関の意見だ。

少子高齢化や、世の中の応援やモニタリングの仕組みなどを考えると、当面の成長力は「世界＞日本」というトレンドが続く可能性が高い

これは残念ですけど、日本は住むには最高の国なんだから、あまりネガティブになることはないですよね。

ただし、**教育、労働、金融の投資まですべて日本で固めていく「日本への超集中投資」な生き方は、これからの時代にまったく合っていない**わけですね。

そのとおり。日本で普通に生きていると、令和時代以降を生きていくうえで非常にバランスの悪いポートフォリオで人生を送る可能性が高い、という気づきが大事だね。

つまり、これから私がやることは、予想される未来に向けて、**いまのかたよったポートフォリオのバランスを修正して、自分の人生を設計していくこと**ですね！

いま、姫野さんがやるべきこと

・人的資産については、英語をがんばったり、海外旅行などで異文化を勉強する
・金融資産については、**世界の株式を買っていく**

「金融資産の大部分を海外株式に回すのは、なんとなく怖い」と思っていましたけど、それは**人的資産や日本の立ち位置の意識がなかったから**なんですね。
すでに1・5億円の日本資産（人的資産）があるのに、数万円の海外資産への投資を怖がるなんてナンセンスですよね。これは慣れるというか、自分自身の習慣を変えていくことが大事かな。

うん。**まずは6日目でやってみたように、自分の「2つの資産」と「2つのバランス」**

かたよったポートフォリオのバランスをとる

多くの日本人にとって大切な行動とは？

答え：身軽な「金融資産」で人生のバランスを整える！

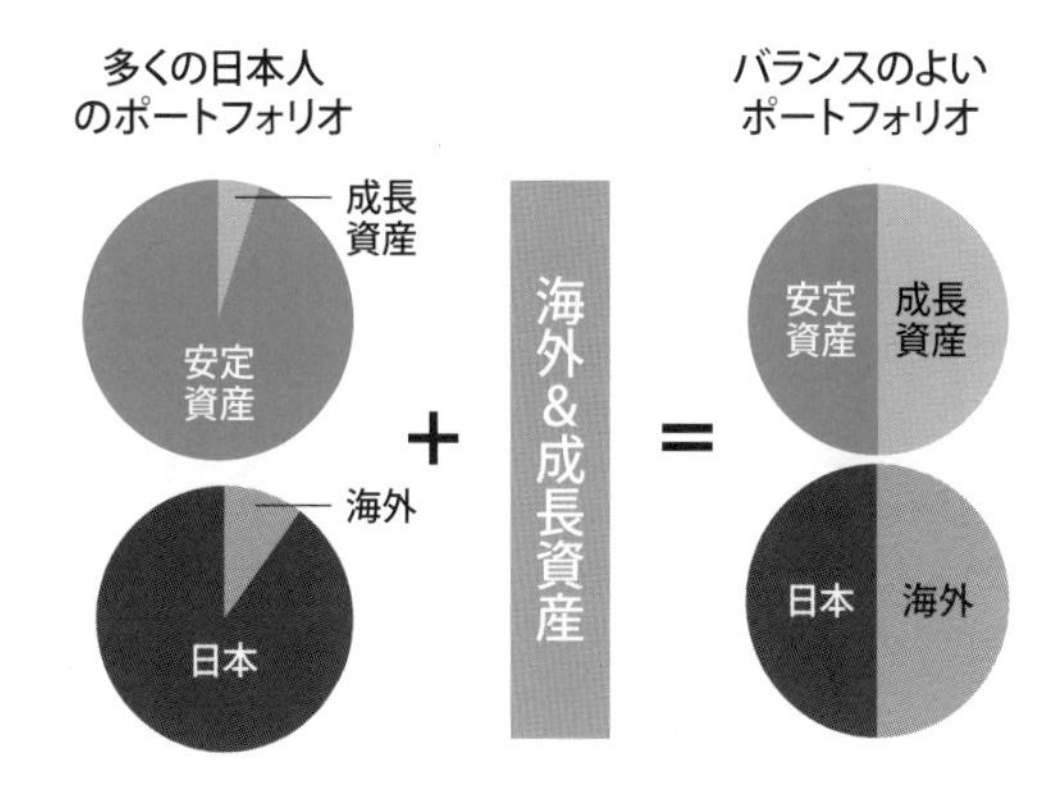

を割り出して、紙に書き出してみよう。

どんな人でも、投資のアプローチは同じでOK！

そういえば、食事会に集まる女友達は、いろいろなタイプがいるんです。帰国子女で中高と海外にいて英語がペラペラな子、フリーでプログラマーをやっている子、外資系企業や日系企業の子……。それぞれにどんなアドバイスをすればいいですか？

どんな人であっても、アプローチは同じ。さっき説明した**ステップ❶と❷をたどればいいんだ。**大事なのは、次の2つの点だ。

- 人的資産の国内と海外のバランスを意識すること
- そして日本の世界での立ち位置について知ること

参考までに、個人の人的資産やライフスタイルと、海外資産、成長資産への考え方は、次のような切り口になるかな。

海外資産を増加させるべき人

・日本で主たる教育を受けた人
・日系企業で働いている人
・日本人や日本企業を相手に仕事をしている人
・外国語が苦手な人
・配偶者（パートナー）が日本人である人

成長資産を増加させるべき人

・給与や年金など安定収入がある人
・雇用が安定している人
・手に職がある人
・目先のお金に困っていない人
・配偶者（パートナー）の収入がある人

へえ。これはイメージしやすいです。

「1年に1度」定期的に見直しをおこなうのが大切
——短すぎても長すぎてもダメな理由は？

最後の**ステップ❸**、**「1年に1度の見直し」**。これははじめて出てくる話ですよね。

なんでもそうだけど、1度やってやりっぱなしはダメだ。健康診断と同じで、定期的にチェックをすることが大事だよ。

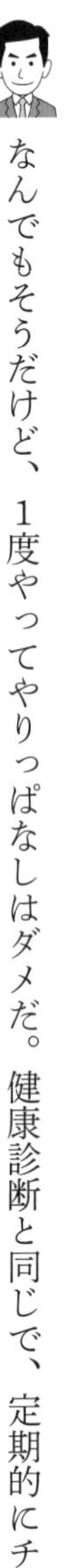

年に1度、「真の自己資産」と「そのバランス（海外or国内、安定or成長）」をじっくり考察する

←

バランスをとるため、金融資産の投資割合を見直す

頻繁な口座残高チェックをしないこと！（とくに便利なスマホアプリには要注意）

ふむふむ。ごもっとも。

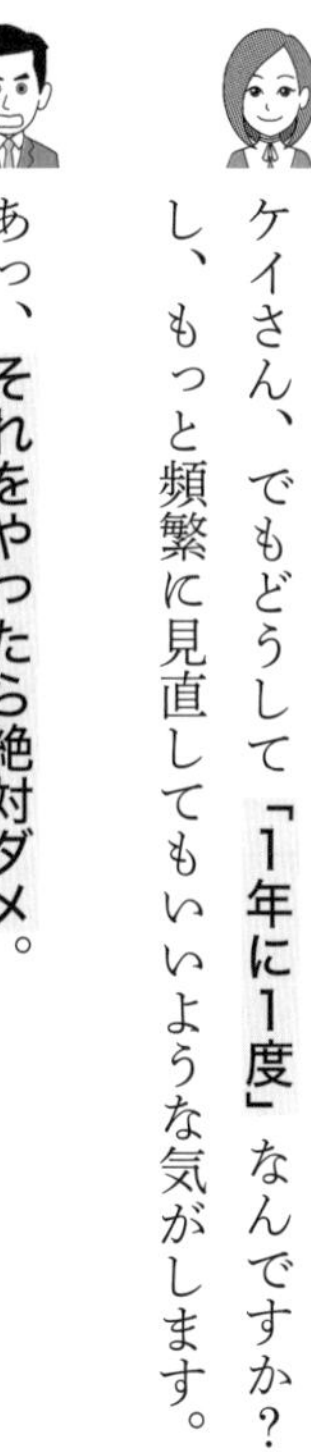

トゥギャザーした**ポートフォリオの大きさや中身のバランスは、時間とともに変化する。**
金融資産の価格は動くし、姫野さんの英語が上達して、外国人を相手にバリバリ仕事をするようになれば、人的資産もいまのような日本資産１００％ではなくなるだろう。だから考察と見直しが必要なんだ。

ケイさん、でもどうして**「1年に1度」**なんですか？　金融商品の価格は日々動いているし、もっと頻繁に見直してもいいような気がします。


あっ、**それをやったら絶対ダメ**。

理由は、毎日の市場価格は、僕らが乗っていく「社会を豊かにする『同じ船』の航海」とは、関係ない要因で動いているからだ。

株価なら、企業の長期的な経営とは関係のない、たとえば政治家が何を言ったか、経済統計で何が発表されたか、という要因で動く。

企業の**投資が成長を経て豊かさに変わるには、少なくとも数年間はかかる**ので、「同じ船」に乗る我々の行動もその時間軸に合わせなければならない。

毎日の生活の貴重な時間を使い、日々価格をチェックするような行動が習慣化してしまうと、はじめは長期だったはずの思考までも、短期に変わっていってしまうので要注意だ。

習慣は考え方までも変えてしまうってことか。だから金融資産をチェックする頻度を上げすぎるとよくないんですね。

そう、日々の行動や習慣は、とても大事だ。
この頻度については、人的資産についてもいえるかな。
人的資産アップを考えて転職するときも、何も成果が出ないまま数ヵ月でいろいろな会社を渡り歩いても、たいていの場合はロクなことはないよね。数年は腰を据えて結果が出るまでやってこそ、人的資産が高まるってもんだ。

たしかに。「明日の自分」は「今日の自分」とそう変わらないけれど、「1年後の自分」は……成長しているはず！

金融資産の価格チェックが**「毎日」「1週間」「1ヵ月」あるいは「四半期」といった頻度だと、たとえ「長期投資」に相当に意思の固い人だろうと、金融市場の短期の値動きに翻**

弄されて、本質を忘れてしまうものだ。

最悪なのは、**自分自身の心が振り回されて、ギャンブルのような投機で売買を繰り返し、財産を失う**こと。これが金融市場と付き合うときに、いちばんの注意点だ。

とはいえ、放ったらかしすぎも不安だろうから、「1年に1度の見直し」が僕のアドバイスだ。

そっか。いまは便利なスマホのアプリもあるし、チェックの頻度には要注意ですね！

頻繁な価格のチェックは、僕が話しているような「人生のバランスや幹」をつくっていく投資にはまったく向かない。

現代の金融の弱点は、便利になりすぎたことでもあるので、次の2点を肝に銘じておこう。

長期投資を実践するうえでのポイント

①時間軸の長い「人生をバランスよく生きるための投資」をしていることを忘れない
②1年に1度、しっかり時間をとって見直してみる

はい。ドンとかまえて、腰を据えて続けます！

投資はバタバタせず、腰を据えて適度に放ったらかしにしておく。これが大切だよ。

11日目まとめ

★正しい資産形成には、「❶『真の自己資産』（人的資産＋金融資産）と、そのバランスを把握する」「❷2つのバランスを意識しながら投資を実行する」「❸1年に1度、見直しをおこなう」というステップが必要になる。

★自己資産を把握するためには、人的資産を認識し、国内or海外、安定or成長のバランスをチェックする。

★多くの日本人にとって「海外資産」「成長資産」を増やすことが大切な方向性となる。

【講義12日目】

「アクティブファンド」と「パッシブファンド」、どちらを、どれくらい買えばいいの？

社会を豊かにする「アクティブファンド」、
それを牽制する「パッシブファンド」の両方に投資するのが正解！
その配分は？

気軽に買える「パッシブファンド」「インデックスファンド」の特徴は？

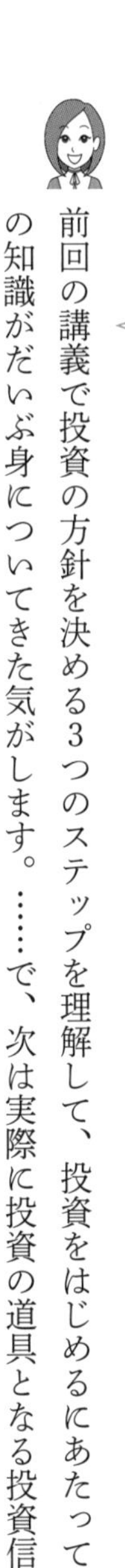

前回の講義で投資の方針を決める3つのステップを理解して、投資をはじめるにあたっての知識がだいぶ身についてきた気がします。……で、次は実際に投資の道具となる投資信

託（ファンド）のことをもっと知りたくなりました。

ネットの記事に「初心者が投資信託（ファンド）を買うなら、**『パッシブファンド』**や**『インデックスファンド』がおすすめ」**って書いてあったんですけど……。

これは正しいんですか？

じゃあ、今日は投資信託（ファンド）の大まかな種類と特徴について、話をしよう。
まず「パッシブファンド」。**「パッシブ」は「受け身」という意味**で、株でいうなら、企業が数百社、数千社入っている大きな会社順の株価指数をそのまま受け入れてつくられたのが、「パッシブファンド」だ。そして、**「インデックス」は「指数」という意味**で、株価指数と連動しているのが「インデックスファンド」だ。
初心者のうちは、両者はほぼ同じものだと考えていい。**「ETF」**といわれる商品も同じような特徴を持っている。

「パッシブファンド」「インデックスファンド」の特徴

・日経平均株価指数や米国S&P500種指数など、認知度の高い指数の動きに連動する目的でつくられている

・ファンドのパフォーマンスは、対象とする指数の動きとほぼ同等になる
・ファンドに組み入れられている企業数、銘柄数は数千に及ぶこともある（指数の構成銘柄数に従う）
・コンピュータを使って半自動で運用できるため、運用費用が安い（投資家が負担する手数料が低い）

代表指数と同じように運用をする「パッシブファンド」は40年ほど前に発明されたアイデアで、たとえば株式ファンドでいうと、**どの企業の経営者にお金を預けるか（どの株に投資をするか）という調査や絞り込みをおこなうことなく、指数算出会社が発表する大きい会社順の企業とその比率のとおりに、投資している**んだ。

手数料が安いのはやっぱりうれしいですね。メジャーな株価指数と連動しているっていうのは、なんとなく安心感もあるし。

うん。それが**初心者向け**とされる理由だろうね。
世界の株式の「パッシブファンド」の場合、過去の運用実績も良好だ。世界の経済は健全に成長して、その成長の源となった海外企業の株価のパフォーマンスも高かったからね。

ファンドマネージャーの手腕が問われる「アクティブファンド」の中身

「パッシブファンド」に対して、**「アクティブファンド」**というのもよく聞きますよね。

「アクティブファンド」は、**ファンドマネージャーたちが企業をじっくり調査して、どの経営者にお金を長期で預けるのかを検討して選抜していく。**

「パッシブファンド」のように企業の大きさ順にまとめて買うのではなく、**さまざまな基準で優れた企業を選別したり、特徴のある企業だけを集めたりして、ファンドで保有している。**手間がかかる分、手数料はやっぱり高くなる。

「アクティブファンド」の特徴

・ファンドマネージャーによって選択された企業群である（約10社～200社）
・銘柄の選択方法等はファンドごとに異なり、それぞれが異なる特徴を持つ
・代表的な株価指数を上回る成績をめざすファンドもあれば、ある特徴を持つ企業群を提供することを目標とするファンドもある（環境問題に先進的な取り組みをする企

業だけを保有するなど）

・ファンドマネージャーの銘柄調査・運営費用のため、一般に運用費用が高い（投資家が負担する手数料が高い）

なるほど。手数料はかかるけど、それぞれが個性を出そうとがんばっているって感じですね。

そうだね。ただし、**「アクティブファンド」は、ファンドマネージャーの手腕が問われる分、玉石混淆**だ。

パフォーマンスという点でも、うまくいっているファンドもあれば、そうでないファンドもある。一般的には、過去のパフォーマンスの平均をくらべると、**「アクティブファンド」よりも「パッシブファンド」のほうが幾分高い**といわれているんだ。

ただ、「アクティブファンド」の主眼がパフォーマンスだけに置かれていないこともある。たとえば、僕は環境意識の高い経営をしている企業などを集めることを主眼に置いた世界株のファンドを運用していたこともある。

うーん。それぞれ違った個性があるとなれば、玉石混淆の中からどうやって選んでいくかが大事ですね。

あと、経験の浅いファンドマネージャーが「運用の練習」としてまかせられている少額のアクティブファンドも多く、それらも平均成績の足を引っ張っていたりする。そういうファンドは避けたいよね。

私たちの大事なお金なのに！　そんなの業界の勝手な事情ですよね。

もちろん、ちゃんとした運用会社はそんなことはしないし、**優れたファンドマネージャーたちは、「パッシブファンド」よりも格段に高い成績を何十年も上げつづけている**よ。そういった「優良アクティブファンド」で、普通の日本人が買えるものもちゃんとある。

なるほどー。とはいえ、初心者の私は「パッシブファンド」から入るのがよさそうかも。

「パッシブファンド」は、世の中を豊かにできない？

「パッシブファンド」について、もうひとつ勉強というか、頭の体操をしておこう。

もしも世の中のファンドが「パッシブファンド」だけになったら、どうなると思う？

つまり「アクティブファンド」がなくなるってことだから、ファンドマネージャーはいなくなりますね。そうすると、**市民は現在の大きい会社順の株価指数を受け入れるだけになって、誰も企業や経営者の応援やモニタリングをしなくなる……**。

そのとおり。ファンドマネージャーは「市民の代理」として、とくに株の売買という形で「経済の選挙」をおこなっている。これがなくなったらどうなるだろう。

それって、社会の思考停止というか、みんなが選挙に行かなくなるようなものですよね。応援やモニタリングがうまく回らなくなって、社会が貧しくなってしまう……。

うん。**政治や経済に無関心な社会が、豊かになれるはずがない**。豊かな社会というのは、**市民からの応援やモニタリングが条件**だからね。

8日目の講義（117ページ）であったように、権力者の独裁や支配が進んで、世の中がめちゃくちゃになってしまう！

「パッシブファンド」がすべてになったら、何百年も社会を豊かにしてきた仕組みは崩壊してしまうだろうね。

へー。初心者向けと思っていた「パッシブファンド」に、そんな側面があったなんて！

手数料の安さには「副作用」がある!?

そもそも「パッシブファンド」は、**「アクティブファンド」のファンドマネージャーたちの日々の精査によって決められた企業の株価を参考に、規模の大きい企業順につくられた株価指数に乗っかる仕組みでつくられているん**だ。

なるほど。ちょっとずるい感じだけど、だからコストがかからないんですね。

消費者としては手数料の安さはありがたいよね。でも、それだけでファンド選びをするのは、少々問題がある。

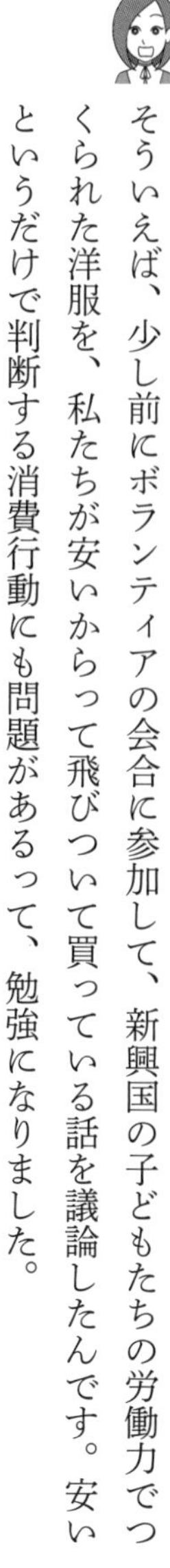

そういえば、少し前にボランティアの会合に参加して、新興国の子どもたちの労働力でつくられた洋服を、私たちが安いからって飛びついて買っている話を議論したんです。安いというだけで判断する消費行動にも問題があるって、勉強になりました。

よく似た話かもしれないね。

「企業モニタリング」という社会コストを負担していない「パッシブファンド」の流行は、今後経済社会の中でいろいろな問題を引き起こしていくだろう。

覚えておいてほしいのは、「パッシブファンド」が人気の現在、僕らははじめて経験する社会に突入しているということだ。

投資の分野でも「自分さえよければ」っていう考えでいると、あとからしっぺ返しがくるかもしれないですね……。

投資は「お金を増やす」とか「手数料が安い」ことに目が行きがちだけど、**「投資を通じて社会を豊かにする」**という姿勢を忘れてはならないよね。

だから、僕は**ファンドマネージャーがきちんと企業を選んでいる「優良なアクティブファ**

ンド」を必ず持つんだ。社会のことを本当に考えるなら、そうするべきだからね。

「アクティブ」と「パッシブ」の両方に投資していこう！

結局、「パッシブファンド」は、社会にとってあまりよくないものなんですか？

いやいや、ちょっとパッシブファンドを悪者みたいにしてしまったけど、「パッシブファンド」も社会的な役割を果たしているよ。

なんだ。よかったー。

それは、じつは企業の選別ができず、社会のモニタリングに貢献していない**「なんちゃってファンドマネージャー」の金融業界からの淘汰**だ。

「パッシブファンド」の流行によって、これまで高い運用報酬をもらっていた「なんちゃってファンドマネージャー」が資産運用の業界から追い出されることで、**社会のモニタリング費用が適正な水準に近づいている**といえる。

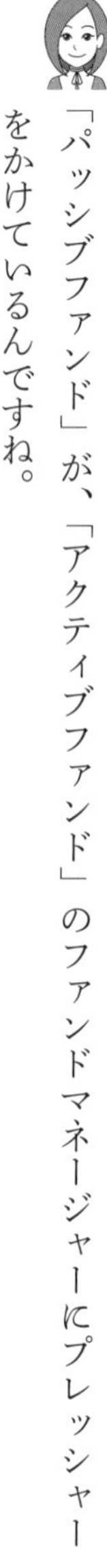

「パッシブファンド」が、「アクティブファンド」のファンドマネージャーにプレッシャーをかけているんですね。

そう。「間接的なモニタリング」といえるね。これは金融業界にとっても、社会にとってもいいことだ。

で、ケイさん。初心者が気軽に買いやすい「パッシブファンド」と、社会を豊かにしてくれる「アクティブファンド」。私たちは結局、どっちを買えばいいですか？

一般の人にすすめているゴールは**「両方とも持とう。そして半々で持とう！」**ってことだ。「アクティブファンド」と「パッシブファンド」の両方を持てば、お金を預けているファンドマネージャーに社会の応援とモニタリングを依頼しながら、ファンドマネージャーたちの活動を牽制することができる。

なるほど。投資をより豊かな社会につなげるためには、それがいい方法ですね！

ちょっと難しい話になっちゃったけど、**投資初心者はファンド選びに苦労のない「パッシブファンド」の積立などからはじめて、投資経験を積んでいけばいい**だろう。

でも、**知識や経験を積んだら、「アクティブファンド」やファンドマネージャー選びにも目を向けて、半々くらいの割合で保有すること**をめざしてほしいんだ。

「パッシブ」と「アクティブ」、半々をめざす……と。

十分な経験を積めば、そこからは「アクティブファンド」だけでもいいだろう。

優良な「アクティブファンド」には、ファンドマネージャーの卓越した企業選びの手法や、豊かな社会をつくりたいなどの夢が詰まっている。

こういったファンドに触れながら「お金の預け先」を選んでいくのは、とても勉強になるし楽しいことだと思うよ。

「アクティブ」と「パッシブ」の両方を保有しよう

アクティブファンド

社会の応援とモニタリングを実施

パッシブファンド

アクティブファンドの運用者を牽制

市民が両方のファンドを保有することで、投資は「豊かな社会」を育む

気軽な「パッシブファンド」もいいけど、私も知識と経験を身につけて、いつか社会を豊かにする優良な「アクティブファンド」を選んでみせます！

12日目まとめ

★「パッシブファンド」は、株価指数と連動している。手数料が安く、投資の入門におすすめといえる。

★「アクティブファンド」は、ファンドマネージャーの調査・選抜によって、より高い利回りや、強い特徴を出すことをめざしている。手数料は「パッシブファンド」よりも高く、選択には多少知識が必要になる。

★優良な「アクティブファンド」は、社会の応援やモニタリングの機能があるため、社会全体を豊かにしていくことに貢献している。

★「パッシブファンド」の仕組みは調査・選別のタダ乗りといえるが、間接的にファンドマネージャーのモニタリングの役目を果たしている。

★一般の投資家がまずめざすべきは『パッシブファンド』と『アクティブファンド』を半々で保有すること」。

【講義13日目】

やっぱり気になる「円安」と「円高」。考え方の本当のコツ、教えます

日本円だけでなく、円と世界通貨の両方で、自分の豊かさを見るのが大切。「複数の通貨で豊かさを測る」視点を持とう

円高は「日本が豊かになってきた歴史」でもある

これまでケイさんが教えてくれたのは「世界を含めた広い視野で投資を考えよう」ってことでした。

そのときに気になるのが、「1ドル＝何円」とかいわれる為替なんです。海外資産に投資するとき、「円安か円高か」は気になる問題なので……。

オッケー。では**今日は、為替について勉強していこう。**為替については、僕自身、日本、イギリス、アメリカ、そしてまた日本……と生活の拠点を変えていく過程で、本当にいろいろと考えさせられた。住む場所が変わることで、日々使う通貨も、受け取る給料の通貨も、銀行や証券口座の残高表示をする単位通貨も変わる。僕は**生活通貨が3回変わったあたりで、資産運用における為替の大事なポイントをつかんだ**ので、それを伝えていきます。

では、まず質問です。基本的なことですが、円高と円安って、どう考えればいいんですか？

おお。まさにそれがいちばん大事なことなんだ。為替について、最初に覚えるべき大事な本質はこれだ。

> 自国の通貨が高く（強く）なる＝その国の人々が豊かになっている＝よいこと

ふむふむ。文字どおりというか、**円高は日本円が世界の通貨の中で高く（強く）なって、**

日本が豊かになっている。反対に、**円安は貧しくなっている、**っていうことですね。

いまは1ドルが100~110円ぐらいだけど、50年前ぐらいまで1ドル=何円だったか、知っている?

はい。長い間、360円だったって聞いています。
当時、海外旅行に行ける日本人って、本当のお金持ちだけだったみたいですよね。

そう。**1970年代のはじめくらいまでは1ドル360円だったから、海外製品は高くて手が届かなかった。**
ところが、昭和の後半には300円台、

米ドル・日本円レートの推移

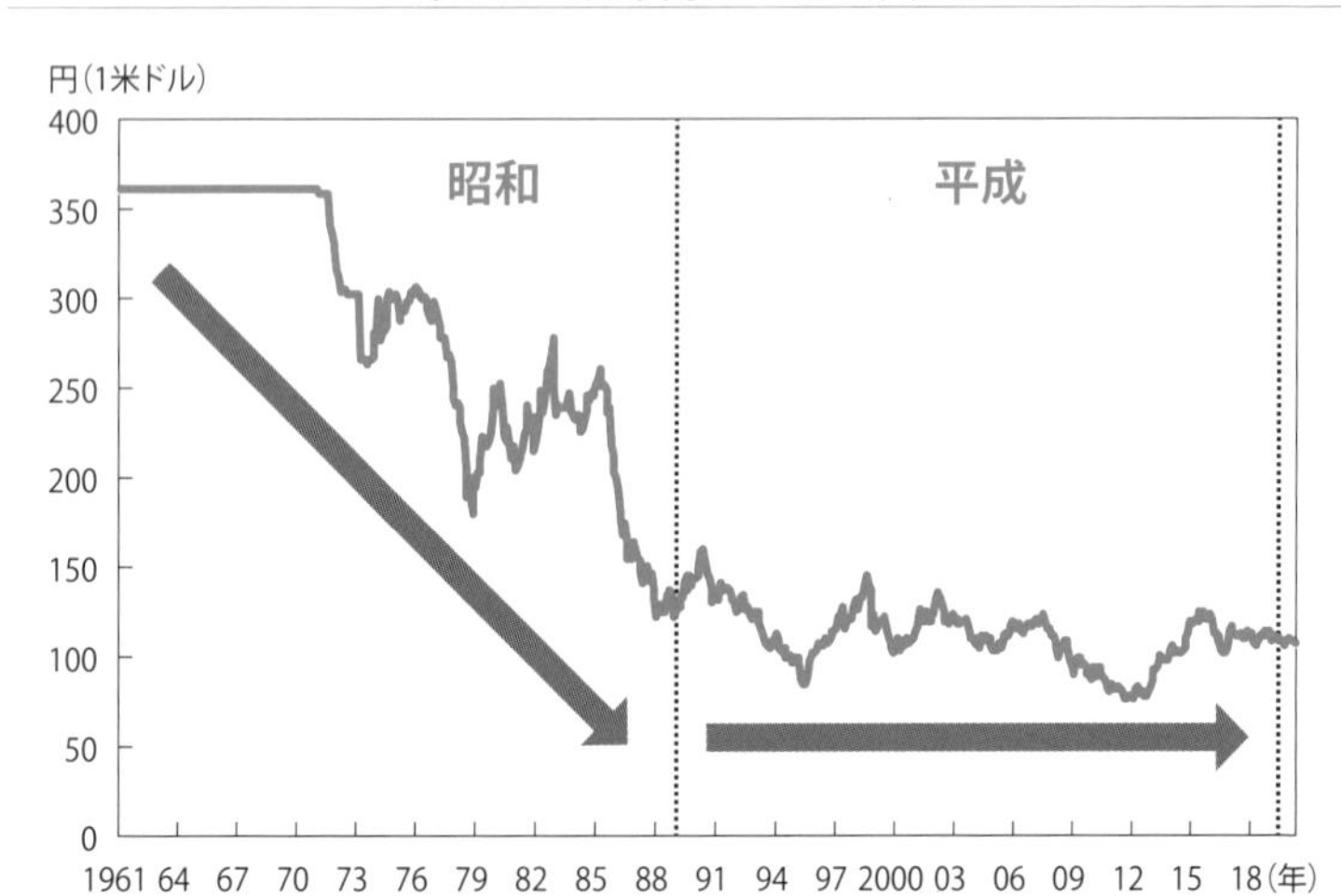

出所:Bloombergよりインベスコ作成。

２００円台、１００円台と円高になってきた。

その結果、海外旅行へどんどん行けるようになり、ドイツ製の車やフランス製の高級品なども買えるようになった。

つまり、**円高の恩恵もあり、海外のモノやサービスが、日本人の生活に入り込む**ようになったんだ。

そっか。円高があったから、世界のモノやサービスを買えるようになったんですね。私の両親も、昭和の終わり頃に結婚して、新婚旅行はハワイでした。

自分たちの豊かさと為替の関係を理解しよう

次に、平成の時代の為替の動きを見てみよう。

平成の１９８９年から２０１９年の30年間は、途中、動きはあるにせよ、はじまりと終わりは１００円代前半と、結局、為替の水準は大きく変わらなかった。

本当ですね。……あれ、これって5日目（66ページ）に教わった「昭和の日本の高成長」

と「平成の経済の停滞」と関係しているんですか？

そのとおり。日本にかぎらず、**自分たちの国が世界の中で強くなる、豊かになるときは、長期的に自国通貨高（日本の場合は円高）となるのが基本**だ。世界の中での豊かさに変化がなければ横ばい、貧しくなっていけば自国通貨安（日本の場合は円安）が起こるのが基本になる。つまり、**長期で見た為替というのは、国と国の相対的な豊かさを示しているん**だ。

なるほど。為替ってずーっとよくわからなかったけど、幹の部分がわかりました!! **円高は、世界の中で日本がお金持ちになっていく**ってことなんですね。

そう。姫野さんの人的資産は1・5億円と試算したよね。現在1ドル100円とすると、1・5億円は150万ドルだ。

仮に今後、日本経済が高成長して、1ドル50円まで円高が進んだとしよう。

すると、姫野さんの**人的資産は日本円では1・5億円のままだけど、米ドルでは価値が倍の300万ドルまで増える**ことになるよね。

たしかに！　アメリカ人から見ると、私のお給料が倍になるってことか！

そのとおり。実際、円高が進んだ**昭和時代の日本人は、世界から見て、どんどんセレブになっていった**んだ。
だけど平成時代の日本人の給料の増加（自国通貨建て）は73ページで見たように、世界の先進国の中でかなり見劣りした。為替は横ばいだったので、日本人は相対的に貧しくなったということになる。

がーん。って、それはすでにわかっていましたけど……。
いずれにせよ、**自分の国の通貨だけじゃなくて、世界の通貨で自分のお給料を考える**ことが大事なんですね。

円安が進むと、日本人の暮らしはどうなる？

さて。姫野さんにとって大事なのは、これから先の未来がどうなるかだよね。
未来のことは誰にも断言できないけど、次のことはしっかり理解しておいてほしい。

- 世界はつながっており、日本人の日常には外国のモノやサービスがあふれている
- 日本はエネルギーや食料品など、生活必需品の多くを輸入に頼っている

これはつまり、もし姫野さんが、**これからの一生をずっと日本で過ごすとしても、円安や円高の動きは自身の生活に直結してくる**、ということだ。

昭和時代に円高が進んだ結果、日本人がドイツ車やフランスの製品を買えるようになったということは、もし**円安になれば、逆に世界からモノやサービスが買いづらくなる**ということになる。

た、たしかに！

いまなら「スマホが高くて買えない」、このグローバル時代に「海外旅行に行けない」「海外留学の学費が出せない」……ということにもなりかねない。

そして、石油などのエネルギーやパンの原料となる小麦のような農産物など、日々の生活に直結する必需品も、いまのように自由に買えなくなることになる。

スマホが買えなくなるのは困ります！　円安が起きると、生活がじわじわと苦しくなりそう……。

「円高不況」は、日本が過去に歩んできたいばらの正しい道！

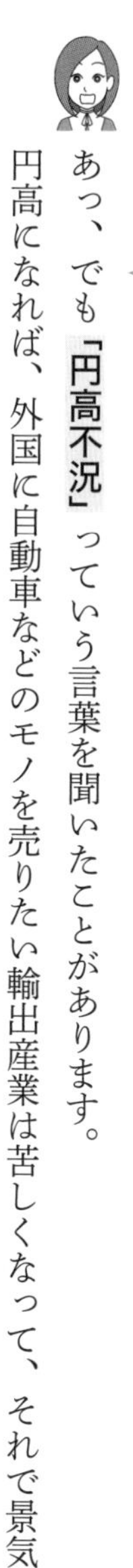

あっ、でも**「円高不況」**っていう言葉を聞いたことがあります。

円高になれば、外国に自動車などのモノを売りたい輸出産業は苦しくなって、それで景気が悪くなるって……。ほら、日本は輸出国だから。

いや、じつは現在はそうでもないんだ。

１９８０年頃から日本企業の外国での現地生産化が進んだ結果、現在では海外とのやりとりの中で**「モノの貿易」が占める割合は、劇的に小さくなった。**

日本は「輸出で稼ぐ（貿易収支）国」から、「海外へのビジネス投資で稼ぐ（所得収支）国」へと明らかに変わっているんだ。

２０１０年代以降はその変化が顕著で、新しい日本の姿が定着している。

へー、全然知らなかったです。つまり、**「モノの貿易が最重要だった」のは過去の日本の話**、ということですか？

そのとおり。輸出で稼いでいた過去の日本が、短期的に円高に苦しんだのは紛れもない事実だけど、いまはそうでもないんだ。重要なのは、**長期視点では、日本人にとって円高はポジティブ**と考えておくこと。日本が強くなることを意味するからね。この整理をちゃんとしておこう。

日本の経済収支の内訳

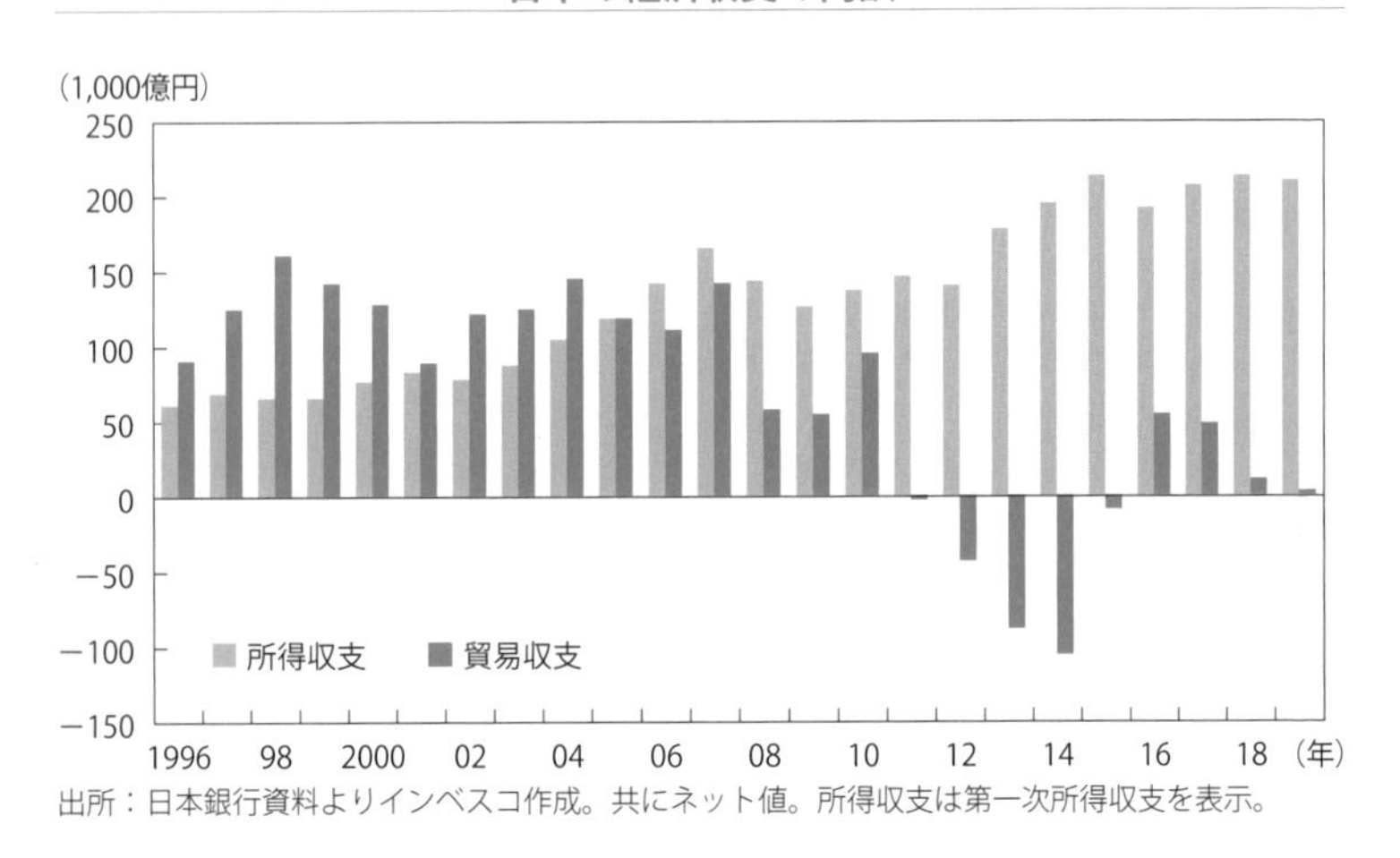

出所：日本銀行資料よりインベスコ作成。共にネット値。所得収支は第一次所得収支を表示。

豊かさは「世界視点」ではかるのが正解

そういえば、私の両親はよく**「僕らは日本にずっと住みつづけるんだから、外貨預金や海外資産は必要ない」**って言っています。日本に住んでいても世界経済とは無縁じゃないんだから、この考えは正しくない……ですよね。

姫野さんのご両親の世代は、若い頃の**昭和の高成長・円高のイメージが強い**んだろうね。円がどんどん強くなっていった当時は、結果的に、日本への超集中投資の人生が正解だったわけだし。

ただ、それは30年以上昔の話だ。これから令和時代を豊かに生きていくには、平成時代以上に中立でグローバルな感覚を持つ必要がある。

為替と私たちの生活は、切っても切り離せないですもんね。

そのとおり。高成長の時期を終えたいまの日本には、古くから外国との関係性が深いヨーロッパの教訓が参考になる。

ヨーロッパの貴族は、自国が貧しくなる事態（戦争に負けるなど）に備えて、昔から子どもの教育や資産を自国外に分散させていた。これは姫野さんのご両親とは逆で、**「自分の生活基盤がある場所と、資産運用先を同じにしてはいけない」**という知恵なんだ。

貴族たちは、昔からいわゆる分散投資をしていたわけですね……。

ヨーロッパや新興国にいる僕の友人たちは、その知恵の大切さをよくわかっていて、人的資産も金融資産も、海外へ広く投資しているよ。**ヨーロッパは生活通貨自体が約20ヵ国で使える地域通貨のユーロだから、普通に銀行預金をするだけで自国外への分散投資になる**しね。

なるほど。これまでの日本人って、自国だけで物事をはかりがちなのかも。

そういうこと。大事なのは、**世界視点で自分の豊かさをはかる、つまり自国通貨だけでなく、複数通貨で自分の豊かさを見ていく、**という考えだ。

円高・円安で日本人の資産はどうなる？

日本が高成長↓円高：世界から見た給料（人的資産）と購買力が上がる

日本が低成長↓円安：世界から見た給料（人的資産）と購買力が下がる

とくに令和時代以降の日本人は、**為替の長期の動向について中立的に考える**ことが大切になるだろう。円高・円安の両方の意識を持って、**「意図せぬ集中投資」を「意図した分散投資」に変えていくことが大切**だと思う。

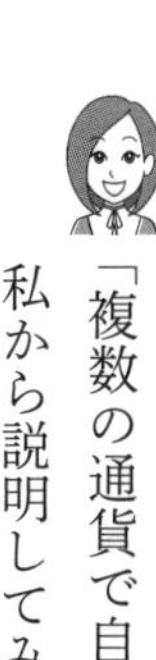

「複数の通貨で自分の豊かさをはかる」って、めちゃくちゃ奥が深いですね。両親にも、私から説明してみよう！

ちなみに、金融のプロの世界では、為替は短期・中期の動きを読むことがとても難しいといわれている。そして、為替はときに大きく動く。

だからこそ、一般の人には**「円高＝高成長・豊かさ」「円安＝低成長・貧しさ」という、為替を見るときの基本軸**をしっかり覚えてほしい。

13日目まとめ

★「円高=高成長・豊かさ」「円安=低成長・貧しさ」が、為替を考える基本軸である。

★円高になれば海外のモノやサービスの購買力が上がり、円安になれば下がるなど、為替の動きは生活に大きな影響がある。

★「自分の生活基盤がある場所と、資産運用先を同じにしてはいけない」という知恵を身につける。

★自分の資産は、自国通貨だけでなく複数の通貨で考える。

やっぱり損はしたくない！投資の「リスク」と「リターン」、本当の関係を知ろう

日本人にありがちな「投資の誤解」はここにあった！

みんなやりがちな「ハイリスク・ハイリターン」の大誤解
――投資は「ハイリスク・ハイリターン、ローリスク・ローリターン」ではない

ケイさん、おはようございます。

私が投資のレクチャーをする女子会が近づきつつあり……自分なりに勉強していますが、為替のほかにもわからないことが出てきたので教えてください！

もちろん。疑問を持つことは最高の勉強だからね。とくに投資は、いろいろな角度から物事をとらえ、ゆっくり、じわじわと理解していくものだ。

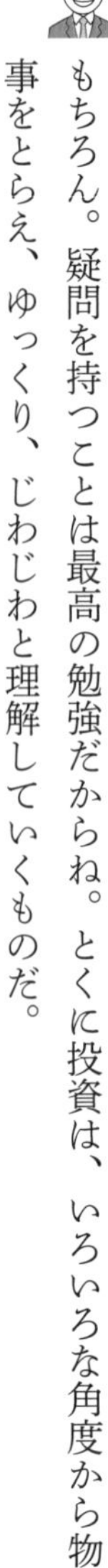

疑問を感じたのはこの言葉です。

「ハイリスク・ハイリターン、ローリスク・ローリターン」

これってよく聞きますけど、リスクとリターンは比例するってことですよね。世界株式の投資の利回りは過去高かったわけですけど、それって損をする可能性も高かったってことですか？

とてもいい疑問だね。大事な話なので、ゆっくり考えていこう。

そこでいう**リターンは投資した商品の「長期の利回り」、リスクは投資した先の「短期の値動きの大きさ（結果のブレ）」**という意味で使われている。しかし、**過去に世界株式の利回りが長期で高かったことを、金融市場の中での短期の値動きの大きさに結びつけてしまうのは横着すぎる。**

……ですよね。ひとまず安心。

10日目の講義（152ページ）で説明したとおり、世界の株式（指数）の利回りが長期的に高かったのは、経営者と市民が「同じ船」に乗り、ファンドマネージャーを通じて社会を応援・モニタリングする仕組みが根づいていて、社会が豊かになっていった結果なんだ。

それは、株価の金融市場の中での短期的な値動きとは関係のない話だし、ましてや欧米の経営者がリスクの高い経営をしていたわけでもない。

そうなると、「ハイリスク・ハイリターン、ローリスク・ローリターン」って、いったい何者なんですか？

それは「ギャンブルの世界」における原則だよ。

金融の投資を「ゲーム」や「ギャンブル」と考えている短期視点の人たちが、市場は「ハイリスク・ハイリターン、ローリスク・ローリターン」と主張しているんだ。

金融商品をたんなる数字やお金ととらえて、投資の背後にある実態は気にしていない人たちの主張ともいえる。

なるほど。……ちょっと、ややこしいですね。

うん。金融投資をおこなうとき、惑わされてはいけない考えがいくつかあるけど、それらの多くは**「投資とギャンブルの混同」**から生まれている。それを整理していこう。

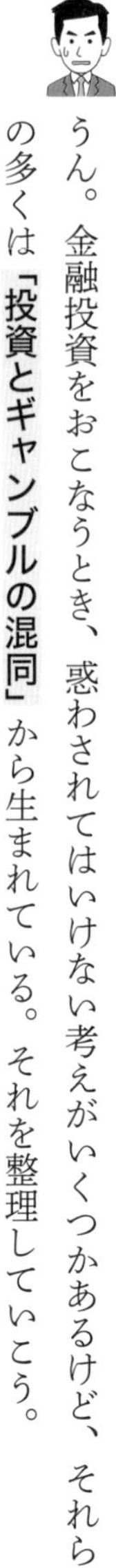

投資とギャンブルの決定的な違い
——ギャンブルは負けて当たり前、投資はみんなを豊かにする

まず、「ギャンブルとは何か」を考えてみようか。たとえば競馬で一攫千金をねらうなら、不人気で勝てそうもない、オッズ（倍率）の高い馬にお金を賭けるよね。ルーレットなら、37個ある数字の1つだけに賭けて、37分の36回は外れる賭けに出る。

はい。宝くじも同じですよね。うちの父は投資を毛嫌いするくせに、宝くじはよく買っていました（笑）。

宝くじこそ「超ハイリスク・ハイリターンのギャンブル」なんだけどね。

当たる確率は途方もなく低いけど、万が一にも当たれば数百円で数千万円、数億円という大金が手に入るわけだから。すべてのギャンブルには「普遍的な法則」がある。それは、**ある人は得をして、ある人は損をする中で、参加者全員の損得の合計は「ゼロ」になる**ということだ。

そこには当然、胴元やディーラーといわれる**「賭けごとの主催者」の取り分**が含まれている。

たとえば宝くじでは約5割が主催者の取り分で、残りを参加者で割り振ることになる。**はじめから、宝くじを買った人の取り分はマイナス**なんだ。

胴元がいるギャンブルは、負けて当たり前ってことですね。

そう。そのうえでギャンブルではオッズなどによって「ハイリスク・ハイリターン、ローリスク・ローリターン」が成立する。

なるほど。競馬でも不人気馬が勝つ確率は低いけど、万が一勝てば当てる人が少ないから配当も大きくなりますよね。

でもそれは「長期の投資の世界」には当てはまらないことなんだ。33ページで、**投資が成長につながり、豊かさや幸せが増えていく**という図を見たよね。実際、投資によって世界全体の豊かさ（経済規模）は大きく増えてきた。

私ががんばって仕事をしてお給料が上がれば、それはほかの人の給料が上がったり、社会全体が豊かになったりすることにつながります。
でもギャンブルは、私がもうけた分だけ、ほかの人の取り分は減ってしまう……。

そのとおり。

投資とギャンブルの「リターン」の違い

投資のリターン：投資で増えた豊かさの一部を受け取ること
ギャンブルのリターン：ほかの人の損失を自分が受け取ること

そもそも**ギャンブルは「遊び」**で、**投資は「社会の基盤」になるもの**だし……。
それにギャンブルと違って、**投資は「子育て」みたいに何年もじっくりかけて成果が出る**

ものですよね。全然、別物です！

ご名答。姫野さんも、だいぶ「投資」がわかってきたようだね。

「自分だけでなく、ほかの人や社会が幸せになる」という点で、**投資はギャンブルとは真逆なもの**だ。投資は「プラス・サム」、ギャンブルは「ゼロ・サム」ともいわれる。サム（ＳＵＭ）は合計ってことね。

そして「時間軸」もまるで違う。そのことをよく覚えておいてください。

投資において「リスク」と「リターン」は、それぞれ独立したもの
――リスクをとることは、リターンを得るための条件ではない

では、金融投資で**「ハイリスク・ハイリターン、ローリスク・ローリターン」が常に成り立つ原則ではない実例**を見てみよう。

次ページの図は、平成の時代（約30年）の日本株式と世界株式のリターンとリスクをあらわしたものだ。これは両方とも日本円で考えているよ。

あれれ、世界株よりも日本株のほうが、リスク（値動き）は大きい。なのに、リターンはものすごく小さい……。これだと、逆の「ローリスク・ハイリターン、ハイリスク・ローリターン」になっています！

うん。一定の期間や金融資産などの条件によって、リスクとリターンが比例の関係にあるときも、そうでないときもある。つまり、原則とはとても呼べない。短期のギャンブルやゲームと違って、裏に実態のある**投資においてリスクとリターンは、それぞれ独立したもの**だ。**リスクをとることは、リターンを得るための条件じゃない。**

平成時代の世界株式と日本株式（1989年1月〜2019年4月）

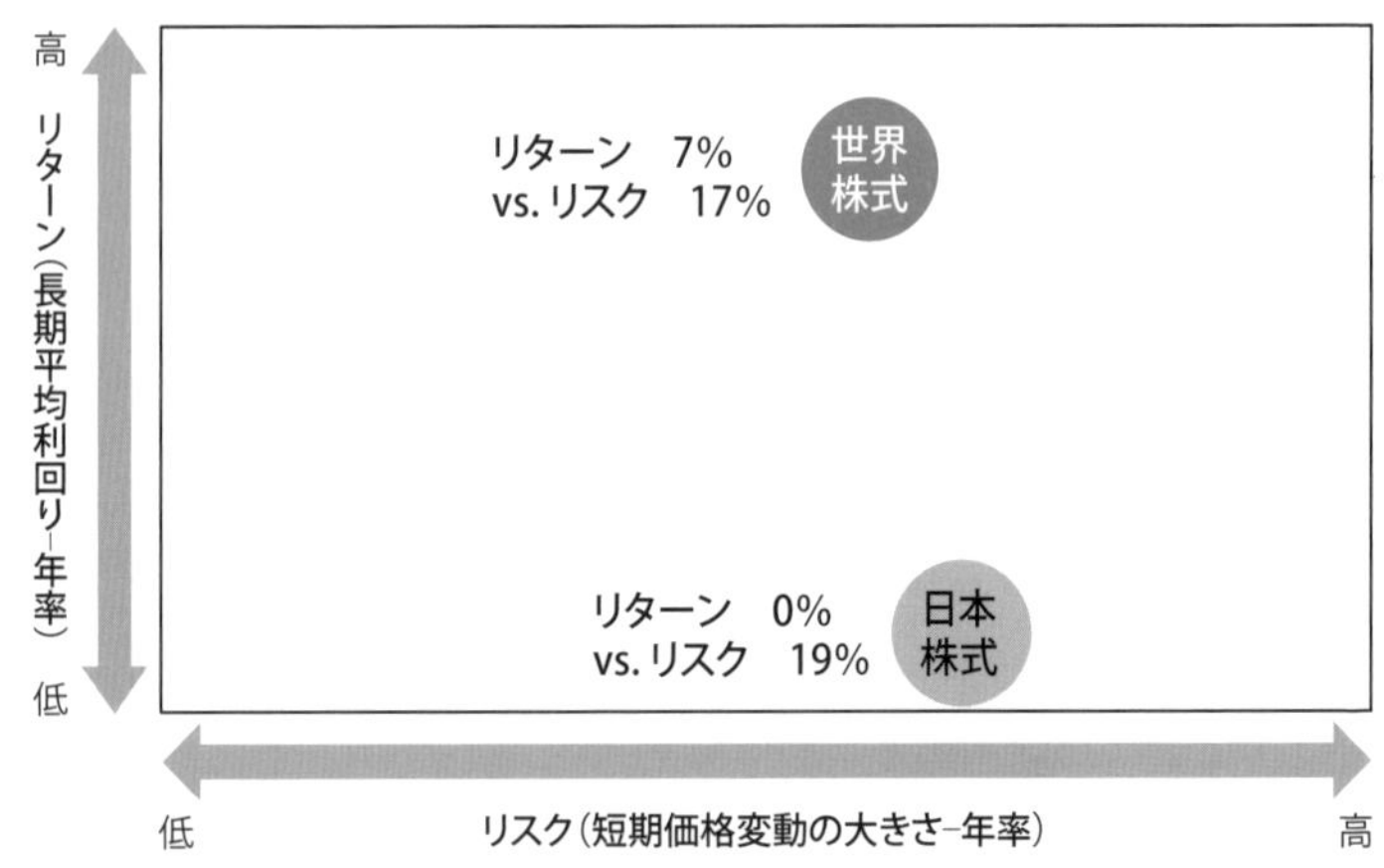

出所：Bloombergよりインベスコ作成。世界株式はMSCI World指数-配当込み、日本株式はTOPIX指数-配当込み、共に日本円ベース。

そうか。**短期の値動きと長期の利回りが比例するって、少し深く考えるとおかしい**ってことがわかりますね。

たとえば、アルゼンチンなどの新興国の株や通貨は、すごく大きな値動きをしていてハイリスクだ。そこで高い利回りを生み出すかといえば、長きにわたってアルゼンチン資産への投資はマイナスの利回りだった。

リスクが高い、つまり値動きが大きいからといって、高い利回りを期待できるわけじゃないんですね。

別の例でいうと、元本保証でリスクが非常に低い預貯金の日本における利回りは、1980年代には8％程度とかなり高かったけれど、現在はほぼ0％だ。リスクが同じでも、そのリターンは時代や場所によってもまるで違う。

個人の資産運用において、リスクとリターンに関係があるような発想は間違いのもとなので気をつけよう。

単純に「国債はローリスク」「株はハイリスク」と考えるのは、間違いです

とはいえ、さすがに国債は、株式とくらべたら「ローリスク・ローリターン」な気がします。これは合っていますか？

厳しく言おう。もし、金融市場での表面的な数値を見て、金融商品を安易に理解しようとしているのであれば、それは好ましくない。

「株は国債よりも値動き（リスク）が大きいから、利回り（リターン）も高い」と説明したがる人がいるが、これは因果関係を正しく説明していない。

これまで株式の利回りが高かったのは、その仕組みの中身を見据えれば、次のような理由からだ。

国債よりも株式の利回りが高い理由

・官僚より経営者のほうが、「厳しい社会のモニタリング」にさらされているから

・官僚より経営者のほうが、「成功に対するインセンティブの度合い」が高いから
・官僚より経営者のほうが、「自由に投資ができる裁量」を与えられているから

これらの株のリターンを高めてきた条件が崩れれば、国債のほうがリターンが高くなることも十分にあり得るだろう。

金融商品の実体を考えず、過去の数値だけを比較して、たまたま「ハイリスク・ハイリターン、ローリスク・ローリターン」が成立する局面を見つけたからといって、それを投資の原理原則だと思わないほうがいい。

はい。リスクとリターンは切り分けて考えます！

あと、アメリカというのは自国の国債と株式の2つだけで金融の投資が完結してしまう特殊な国だ。そのアメリカで、自国の株式と国債の関係が長いこと「ハイリスク・ハイリターン、ローリスク・ローリターン」だったので、そう思い込んでもとくに問題が起きなかった。

一方、**海外資産を保有すべきアメリカ人以外がこの思い込みをすると、大間違いにつながる**ので要注意だ。

220ページの図で見たように、平成の約30年間は、**日本株と世界株でリスクはほとんど変わらないのに、リターンは圧倒的に世界株が高い**なんてことも起こったからね。

はい。ここでもアメリカと日本の立場の違いに注意ですね。

それから、金融業界では、リスク・リターンの関係が成立するという「仮定」をおくと、複雑な計算をおこなうときに、いろいろ都合がいいんだ。ただ、それは投資の本質には関係のない話だから気にしないこと。たとえば、企業が合併するときの価値計算とか、「オプション」といわれる保険価格のような計算とかね。

ほう……。

投資の利回りは、値動きの大きさではなく、「その投資が豊かさを生んだか否か」「その投資で応援やモニタリングなどが働いたか否か」で決まる。金融資産としての値動きの大小と利回りは、本質的に関係ないことを覚えておいてほしい。

「チャート」を崇拝しているのは日本人だけ？

ギャンブルと投資の混同について、もうひとつ指摘しておきたい。

「チャート」というんだけど、**過去の株価や為替などの推移のギザギザの形を見て、買いどきや売りどきを当てて超短期でお金もうけをしようという考え方**がある。

あっ、見たことあります。

チャートを使った株やFXの必勝法みたいな本、たくさん売られていますよね。私も1冊だけ買ったことがあります。

そうだよね。日本の書店に行くと、個人向けの投資のコーナーは「チャートでもうけよう」という類の本があふれている。ざっくり半分ぐらいかな？

「億万長者になろう」とか、「たった○年で数億円」とか、よく見ますね。

姫野さん、海外旅行をしたときは、海外の書店をのぞいてごらん。

たとえば、アメリカの最大手チェーン「Barnes & Noble」で、そういったチャートの本はほぼ皆無だ。ごく稀にその類の本を見かけることもあるけど、**欧米では基本的に、その手のチャート本は店頭でほとんど見かけない。**

えーっ！　そうなんですか？
チャートを見て売買しているのって、「デイトレーダーの億万長者」とかですよね。投資で大もうけして、タワーマンションでワイングラス片手に夜景を見るみたいな。……ちょっと憧れます。

ははは。まあ、大もうけしている人が見ているのは、チャートだけじゃないとは思うけどね。そういったギャンブル的な

チャートのイメージ図

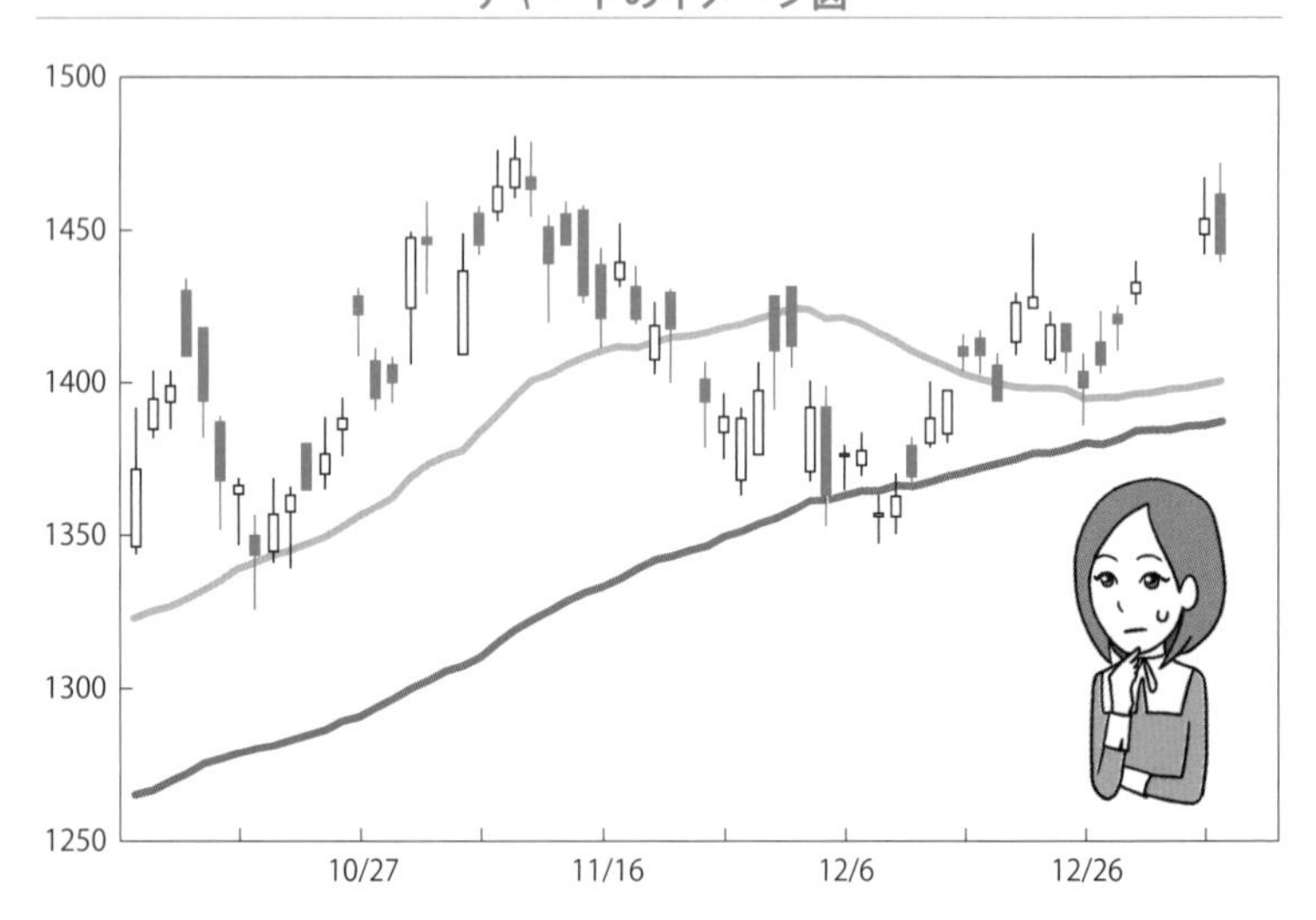

投資手法でお金もうけしている人はいつの時代にもいるけど、**その裏には、損をした人が何万人もいる**んだよ。

結局、チャートの正体って何でしょう？

過去の株価で描かれるギザギザの線の形は、企業の経営とは無関係の政治家の発言や景気の統計値、または短期ギャンブラーの売買などの影響で、日々つくられていくものだ。つまり、株価の長期の利回りを決める「投資→成長→豊かさ」が成功したかどうかとは関係がない。

そうか。日々の市場価格って、短期的な景気や政情の影響をもろに受けるんですね。

うん。それに**チャートは同じものを見ても、人によって解釈が全然違う**んだ。ある人は「これは売りのサインだ」というし、ある人は「いや、むしろ買いだ」という。いずれにしても、金融商品をカジノや競馬のようにとらえるゲームの世界の話くらいに考えておいたほうがいい。

私にはギャンブルの才能はなさそうですし、今後もチャートで判断するのは、やめておきます。

うん。**金融商品を「世の中を豊かにする投資」と「ギャンブル」の両方の目線でとらえてしまうのは、やめておいたほうがいい**よ。

14日目まとめ

★「ハイリスク・ハイリターン、ローリスク・ローリターン」は、短期的なギャンブルにおける普遍の法則である。
★金融商品の長期の利回りは、常に現実世界上の理由で決まっている（金融市場上の理由ではない）。
★金融商品のリスク（短期の値動きの大きさ）とリターン（長期の利回り）は、時と場合によって比例したり、しなかったりするため、原則ではない。
★短期的なチャートを見ての投資判断を好むのは日本人の珍しい特徴である。

【講義15日目】

あなたは何歳？　何を買えばいい？「年代別の投資アプローチ」は、こうなります

「現役世代」と「リタイア世代」では、人的資産のバランスが変わってくる

現役世代は「海外株式へ積極投資すべき」が基本

おはようございます！　ケイさん、前回まで投資の先にある世の中の仕組みや投資とギャンブルの違いを教えてもらいました。

友人との食事会までもう少しですし、今日は実際に私たちがどう金融商品を選んでいけばいいのかを、教えてほしいです！

おお、前向きだね！　これまでは投資の本質（理論）をしっかり伝えてきたから、いよいよ実践に入ろう。

では、具体的にどんな金融商品を意識していけばいいのか。

まずは、現役世代の比較的若い人たち（20～40代）について解説しよう。

彼らの多くは姫野さんと同じように、**海外資産と成長資産が足りないので、両者を満たす世界株式は必須の選択肢になる**だろうね。

というわけで、現役世代への一般的なアドバイスは、次のようになる。11日目（170ページ）で説明した、ステップ❷の具体的な中身の部分だね。

ステップ2-1　現役世代へのアドバイス

多くの日本人は、安定資産と国内資産が圧倒的に大きく、バランスが悪い

・人的資産：**継続的に投資**（20世紀型にならないよう世界を意識する！）

・金融資産：**世界株式へ積極的に投資（投資信託など）**

なるほど。**若い人は、グローバルな視点を持ちながら自分への投資を続ける**。私の場合は

……、英語をがんばります！　そして、**金融資産は、世界の株式を買って世界のトップ企業の経営者と「同じ船」に乗れ**、ってことですね。

危ないのは、「意図せぬ日本への超集中投資」という状態で令和時代を生きること。
日本人でこれと逆方向の行動をとるべき人は、とても限られる。それは次のような2つを満たす人だ。

- **世界のどこでも職と収入を得られる真のグローバル人材**
- **今後長期に、日本経済が世界経済よりも高く成長すると思っている人**

ただし僕は、この2つを満たす人に会ったことがないけどね（笑）。

いずれにせよ、**多くの現役世代は、世界株式などの海外資産を増やすべき**ってことですね。

そのとおり。
たしかに、はじめのうちは、世界の株式を買うことになんとなく心理的な抵抗があると思う。**パスポートを持っている日本人だって全人口の4分の1**くらいだし、海外っていうだ

けで身がまえるものだ。

ただ、これまで説明したロジックをよく考えて、早めに行動して、経験を積んでほしい。

やっぱり行動と経験に勝る学習はないからね。

実践！「ファンド選びのポイント」は？

ケイさん、**世界株式に投資するためのファンド（投資信託）選びのポイント**も教えてください。

ファンド選びでまず言っておきたいのは、**素人が自力で、自分にぴったりの一本を見つけるのはほとんど不可能**だということ。日本人が買える世界株式の投資信託というだけで、何百本、何千本と存在しているからね。

たしかに、すべてのファンドを調べて中身を理解するなんて、絶対無理ですね……。

おすすめのファンドを紹介してくれる本や雑誌もたくさんあるけど、それでもあるファン

ドが本当に自分に合っているかを判断するのは至難の業だ。もちろん、これらを読むことはファンド選びの勉強にはなるけどね。

たしかに。そういう本や雑誌ですら、何十、何百とありますもんね。本だけでなく、いまはネットにもたくさん情報がありすぎて……。

正しいファンドを選ぶ「3つのコツ」は？

ファンドの選び方について、一般の人に、僕がおすすめする方法は次の3つだ。

正しいファンドを選ぶ「3つのコツ」

①信頼できるプロにアドバイスを仰いで、ファンドを選ぶ
②本当にしっかり勉強して、「これだ！」と思えるファンドを選ぶ
③「厳選されたファンド群」から選ぶ

うーん。①のプロのアドバイザーにお願いして選ぶっていうのはそれなりにハードルが高いし、②は時間がかかりそう。

そうだね。投資の初心者なら、まず③を実践しながら、①や②で使える知識を得ていくのが現実的だと思う。

③って、具体的にはどんなものなんですか？

③の「厳選されたファンド群」といえば、**「確定拠出年金（企業型や個人型がある）」や「つみたてNISA」という国の制度で採用されているものが該当**する。

「確定拠出年金」と「つみたてＮＩＳＡ」。聞いたことがあります！

これらで扱われているファンドは**企業や国の選考にかけられたものだから、基本的に安心して買っていい優良ファンド**といえる。

その中で**「世界株式」「外国株式」「先進国株式」などとカテゴリ分けされたファンドは、数えるほどしかない**はずだよ。

「確定拠出年金」「つみたてNISA」の取り扱い商品から「世界株式ファンド」を選ぶポイント

【株式投資がはじめての人】

❶「世界株式」「外国株式」「先進国株式」などと書いてある「パッシブファンド」を購入しよう。

❷複数ある場合、運用費用（信託報酬）がなるべく低いファンドを選ぼう。

❸為替ヘッジは「なし」を選ぼう。

【株式投資をある程度経験してきた人】

❶上記のパッシブファンドに加えて、ファンドマネージャーが運用する「アクティブファンド」を、以下の基準を公開資料からチェックして、選んでみよう。

- 主要な先進国の企業へ幅広く投資をしているか（アメリカ、ドイツ、イギリス、フランス、カナダ、オーストラリアなど）
- 少なくとも30以上の銘柄に分散投資しているか
- 投資先のいくつかは、名前くらいは聞いたことがある企業か？（自分になじみのある企業にも投資をしているかどうか？）
- 少なくとも30年以上の実績がある会社による運用か（日本法人の社歴ではなく、本国での社歴を確認する）
- 長期視点、ビジネスの成長、経営者の資質を調査して投資をしているか（146ページのファンドマネージャー選びの3つの基準を満たしているか。運用会社のHPなどで資料を確認してみよう）

❷為替ヘッジは「なし」を選ぼう。

❸パッシブファンドとアクティブファンドの割合は半分ずつを目安にしよう。

【株式投資のベテランの人】

上記の考え方に加え、自分なりの色を出していこう！

＊個人の特性によるので、あくまで、おおよその目安として考える。

ファンドを選ぶ具体的なポイントは、前のページにまとめてみた。

なるほど。すでに選抜されているファンド群から選ぶなら、投資にうとい人でもなんとかなりそう。**投資がはじめての人は「確定拠出年金」と「つみたてＮＩＳＡ」で採用されているパッシブファンドでスタート！**ですね。

リタイア世代はどうすればいい？

ケイさん、うちの父のように**50代、60代の人や、仕事をリタイアしている人へのアドバイス**はありますか？

これから働く年数が減ることで、人的資産が少なくなるのかなぁ……。あと、やっぱり年配の人がいきなり金融資産のすべてを世界株というのも、抵抗がありそうな気が……。

若い世代でもリタイア世代でも基本的な考え方は同じだけど、人的資産などのとらえ方が変わってくるんだ。リタイア世代へのアドバイスは、次のようになる。

ステップ2-2 リタイア世代へのアドバイス

人的資産＝将来もらえる年金の総額（年金受給権）。
ただし、年金制度（もらえる年金額）は、日本経済の行く末に依存していることに注意。

- **人的資産：自分に関連する年金基金の現状をチェック**
- **金融資産：世界バランス型を中心に、世界株式型などにも投資（投資信託）**

まず、リタイア世代にも大きな人的資産がしっかりある。それが年金の受給権だ。とくに公的年金や多くの企業年金は、その人が死ぬまでもらえるもので、まさに人にひもづく人的資産だよね。

あっ、たしかにそうですね。**年齢を重ねると、人的資産の中身は「自分が将来稼ぐ総額」から「将来もらえる年金の総額」に変わっていく**わけですね。これは私も知っておかなくては。

ただし、年金の原資となる国や企業の年金基金のポートフォリオは、**個人の影響力が及ぶことのない資産**だ。自己投資で中身を変えていける現役世代の人的資産とは、性質が違う。

自分がもらえる年金の中身、どうなっているか知っていますか？

リタイア世代にとって大事なのは、**受給権のある年金基金のポートフォリオについて、これまで見てきた「2つのバランス」がどうなっているのかを把握する**ことだ。

おお。「年金っていつからいくらもらえるの？」みたいな話は聞きますけど、その母体である基金の中身を見ていこうなんてプロっぽい！
ちなみに「2つのバランス」は、現役世代と同様に「国内・海外」「安定・成長」ですよね。

そのとおり。たとえば、**「GPIF」という国の年金基金の基本ポートフォリオは、2つのバランスが、50：50になっているん**だ。

GPIFのポートフォリオ

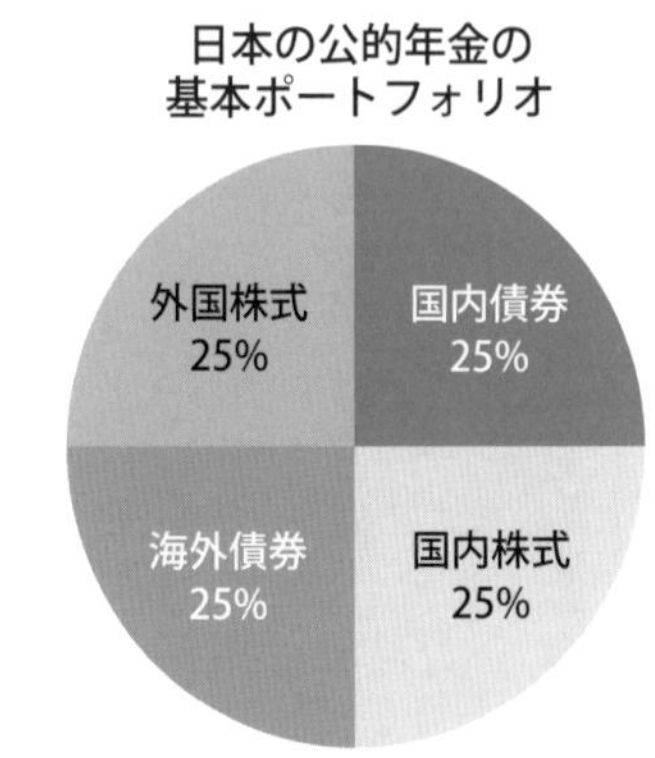

出所：年金積立金管理運用独立行政法人（GPIF）資料より
インベスコ作成。

へぇー。「安定資産の債券」と「成長資産の株式」の比率は5：5、国内と海外の比率は5：5ですね。ということは、**リタイア世代の人的資産は、自動的に結構いいバランスになっている**のかな。

そう思うよ。個人の人的資産（多くは安定資産）と金融資産を合算したポートフォリオについても、この円グラフのようなバランスをめざしてほしい。

50代、60代、リタイア世代の初心者には、具体的な金融商品として、世界中の株や国債などにバランスよく投資している「世界バランス型の投資信託」がおすすめだね。

なるほど。現役世代は「これからの給料」という人的・安定資産が相当多かったから、世界の株式でバランスをとればよかったけど、リタイア世代はちょっと違いますね。

そうだね。**個人の金融資産としては、海外の「成長資産」だけでなく海外の「安定資産」も取り込んでいくべき**だ。

年金は破たんする？ 大丈夫？ リタイア世代の投資に必要な「3つの視点」

たまに「日本の年金が破たんする」なんていう記事を目にしますが、私たちの年金は大丈夫なんでしょうか？

僕は一部の人が「年金崩壊！」なんてあおるほど、日本の年金制度が危ないとは思っていない。日本はしっかりした国だし、制度は論理的によく設計されているし、１００兆円を超える蓄えもあるからね。いままでもこれからも、年金は我々の将来の生活を支える大事な基盤になると思う。

ほっ。とりあえず安心しました。

ただし、日本の年金は原則、若い人が高齢者を支える「賦課方式」で成り立っている。

このまま少子高齢化が進み、日本経済が伸び悩むと、現在の年金額が引き下げられたり、受け取りを開始できる年齢が上がったりする可能性は十分にあると思う。

そ、それは若い世代にとっても他人事じゃないですね……。

この日本経済に連動するリタイア世代の人的資産減少のリスクヘッジとして、**個人の金融資産では、海外資産をより厚めに持つことが正しいアドバイスとなる。**

もちろん、日本経済が好調で、人的資産である年金額が維持されれば、それに越したことはないけど。

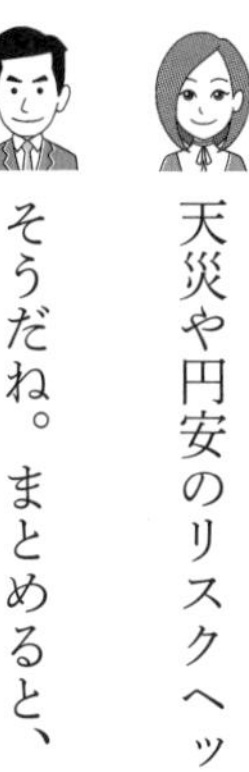

天災や円安のリスクヘッジとして、現役世代が海外資産を持っておくのと同じ発想ですね。

そうだね。まとめると、リタイア世代では次の「3つの視点」が大切になる。

リタイア世代の投資に必要な「3つの視点」

①将来の年金の受け取り額が、いまより少なくなる可能性は十分にある
②人生100年時代（長寿化）で、60歳で引退しても、まだ40年も先がある
③先々の日本の成長率は、世界より低くなる可能性が高い

この3点を考えると、**「世界バランス型ファンド」を基本にしたうえで、場合によっては世界株式ファンドで「外国資産&成長資産」に厚みを持たせていくことも、重要な選択肢になる**と思う。

なるほど。これはうちの父にも伝えておかないと。100歳まで安心して豊かに暮らしてほしいですし！

「世界バランス型」のファンド、選ぶときのポイントは？

リタイア世代が選ぶ「世界バランス型」のファンド選びのポイントにも触れておくよ。
基本的な考えは現役世代と同じ。
初心者が無数のファンドから自力でベストの一本を選ぶのは不可能に近いから、プロのアドバイスを得たり、厳選された商品群から選んだりするのがいいと思う。

やっぱり「確定拠出年金」や「つみたてＮＩＳＡ」の商品群からですか？

65歳以降になると「確定拠出年金」が使えなくなるので、主に**「つみたてNISA」**で考えてみよう（法改正により2022年5月から企業型確定拠出年金は70歳未満まで加入できる見込み）。

「つみたてNISA」の対象商品は、長期の投資に適した低コスト商品に限定されているので、個人の資産運用に適した優良商品と考えていい。

「つみたてNISA」を提供している証券会社のウェブサイトには、いろいろなアドバイスがわかりやすく書いてあるから、それらを読んで勉強していくのもいいね。

「つみたてNISA」の取り扱い商品から「世界バランス型ファンド」を選ぶポイント

❶海外資産が30～70％程度組み込まれているファンドを選ぼう（世界への投資を忘れずに！）

❷債券などの安定資産が少なくとも30％程度は組み込まれているファンドを選ぼう（リタイア世代は現役世代と違って、安定資産を取り入れることも大切）

❸ REIT（不動産投資信託）、金などのコモディティ資産（資源資産）が入っていることもよい（さまざまな資産を持つことで、より分散効果が期待できる）

❹バランス型ファンドのリスクが「低い・普通・高い」などと区分けされている場合は、「普通～高い」に属する商品が適している場合が多い（成長資産と安全資産のバランス）

＊個人の特性によるので、あくまで、おおよその目安として考える。

15日目まとめ

★現役世代の日本人の資産は「安定資産」と「国内資産」に大きくかたよっていることが多い。

★資産が国内・安定にかたよる現役世代は、成長資産と海外資産の性格を持つ「世界株式」を資産に組み入れることが有用である。

★リタイア世代の主な人的資産は年金であるため、まずは自分の年金の中身のバランスを把握する。

★安定資産が必要なリタイア世代の投資に向いているのは、世界中の株や国債などを含む「世界バランス型」のファンドである。

【エピローグ 最終講義】

新入社員に、最後に伝えたい2つのアドバイス

新入社員、未来へ向かって歩きはじめる！
「投資」という世界に進む旅人へのアドバイスは？

最後に伝えたい2つのアドバイス

ケイさん、いよいよ、あと数日で食事会です。
金融商品を選ぶステップやポイントもわかったし、なんとかみんなに説明できる気がしてきております！

おお、それはうれしいかぎりだ。はじめてのことだし、体当たりでいこう。
じゃあ、今日はいったん最後の講義ってことになるかな。
これから姫野さんたちが「投資」という新しい世界に入っていくうえで、次の2つのことをアドバイスしておきたいと思う。

①必ず訪れる「金融市場の下落」とどう付き合って、長期投資をするか
②毎月どれくらいのお金を投資に回せばいいのか

あっ、これはめちゃくちゃ気になります。しっかり教えてください！

「相場の下落」は仕組みとして必ず起こる

まず、これから金融商品に投資を続けていると、**その投資が長期的にどんなにプラスになろうと、短期的に損をすることが必ず起こります！** これは肝に銘じてください。

そうなんですね……。損をするのは、やっぱり怖いですが……。

残念だけど、これは仕組みとして必ず起こることなんだ。
１０３ページで、世界株式指数の過去50年の推移を見たよね。何倍にもなった株価を見て、「すごーーい」という印象を持ってもらったと思う。

はい。タイムマシンで過去に戻って、若き日の父に教えてあげたいです！

でも、その間、右肩上がりのグラフがギザギザ上下しているのもわかるよね。もしタイムマシンでお父さんに会えたら、**「途中で株価が大きく下がることは何度もあること」**、そして**「その時期も我慢して投資を続けること」**というメッセージを伝えてほしい。

たしかに、私なんて、短期で大きく値下がりしたら、動揺しちゃいそう……。
でも、短期で株価が上下するのはどうしてですか？　素人としては、どうせ上がるなら途中で下がらなければいいのに、と思ってしまいます。はい。

おっ、いい疑問だね。
ここは長期で投資をするのにとても大事なところだから、整理しておこう。

株価が長期に上がり、短期に変動してきた理由

世界株が長期で上がった理由

イノベーションの応援や権力者へのモニタリングによって、世界経済が成長し豊かになりつづけてきたから。

↓社会の直接の応援者として、経営者たちと「同じ船」に自ら乗り込んだ株主は、大きな恩恵を受けた。

世界株が短期で上下を繰り返した理由

短期的なギャンブル思考で金融市場に参加する人が、絶え間なく存在したから。

↓彼らは「株価が上がったら人より先に売り抜けよう」「株価が下がる前に人より先に売り抜けよう」など、社会を豊かにするのではなく「ほかの人より得をしたい」という目的で行動していた。

社会を豊かにしようと「同じ船」に乗っている経営者、ファンドマネージャー、市民は、少なくとも3年から5年という長期視点で株式市場に参加している。
彼らはバタバタ動かないけど、**「短期的な視点」や「自分だけが得をしたい」という理由で行動する人たちの売買によって、日々の株価が上下し、短期のギザギザがつくられている**んだ。

まさに、14日目（213ページ）に教わった「投資とギャンブルの違い」ですね。

そう。今後も「同じ船」の仕組みで社会が豊かになれば、長期で見たときの株価は右肩上がりになるだろう。僕は、世界の人々がそれを成し遂げると信じている。
でも、一本調子に上がりつづけることもまずない。
短期で上下する市場の中で、長期で投資をし、資産を築いていくには、**自分自身を「市場の短期の動き」から隔離する知恵**が必要になる。

早速、その知恵を教えてください！

「長期投資にあった口座」を使って、長期投資をしよう

まずは、**国が用意した「長期投資に向いた税制優遇制度の枠」を使う**こと。とくに**「NISA」や「つみたてNISA」**だ。これは短期で売却をすると税制優遇の恩恵がなくなるという、**短期売買にペナルティがある仕組み**が組み込まれている。これを積極的に長期投資に使っていこう。

なるほど。「軽いしばり」があるからこそ、長期投資を続けやすいんですね。

僕も、「ＮＩＳＡ」を使ってみて実感したけど、**「長期投資をしよう」という人にとって、この制度は本当に素晴らしい**と感じている。

「ＮＩＳＡ」で運用中の金融資産は、短期で下がる局面をぐっと我慢し、長期投資を容易に進められると思う。「じっくり投資をする」という視点では、運用商品の変更が毎日のようにできてしまう「確定拠出年金」（企業型ＤＣやｉＤｅＣｏ）よりも優れているね。じつは、不動産には5年以上の長期で保有した場合、売却時の利益にかかる税金が半分になるという、短期売買にペナルティがある制度がずっと存在している。これも長期投資への軽

い縛りと言えるだろう。

なるほど。節税もできるし、国が用意している制度なんだから、使わないと損かも！

そして、11日目の講義（170ページ）でも伝えたように、**口座残高を見る頻度をできる限り少なくする**ことも大切だ。現実的なところで、「1年に1度の頻度」をおすすめしたよね。

スマホで毎日チェックは厳禁……でしたよね。

そして、これまで伝えてきたように、**「社会と自分の両方を豊かで幸せにしたい」という気持ちで投資をする**こと。

加えて、**「金融商品は人生のバランスをとるために活用する」という視点で選ぶ**ことだ。

「たくさんもうけよう」とか「自分だけ得をしよう」という考え方は、**短期思考を生み出して、途中で投資をやめてしまうリスクを高める**んだ。

はい。肝に銘じておきます。

短期での取引でもうけようとしてはいけない

……念のため聞いてみたいんですが、株価が下がる前にタイミングよく売って、また上がる直前に買い戻すっていうのは、金融市場にくわしくなればできるんですか？
チャートのギザギザを事前に当てにいくっていうか。

いま姫野さんが言ったことが、**まさに投資とギャンブルの混同**です。やめましょう。そういう市場のタイミングでもうけを出す、生き馬の目を抜くような投資手法は、プロの世界でもいちばん難しいといわれている。
僕も、誘惑に駆られて、いままでは目を覆いたくなるような恥ずかしい失敗をした。
結局、**世の中が長期に豊かになるために自分が参加した対価を受け取る、という長期投資を愚直にやるのが大事**です。

あはは……ですよねー。

勘違いをしている人が多いけど、**優秀なファンドマネージャーはそういったタイミング投**

資で利益を出しているわけじゃない。あくまで、伸びる企業や業種を見抜いて、社会の豊かさとともに長期でいい成績をあげている。

そういうギザギザを生み出す短期の人たちはずっと金融市場にいるんですか？　私が参加するのを機に、出ていってくれたりしないものかと……。

「金融市場」は、**参加も売買も完全に「自由」というのが大前提**なんだ。だから、一部の極端な例を除いて、金融市場での短期の行動が禁止されることはこれからもないだろう。これまで伝えたことを胸に、**自分で規律をつくって長期投資をする**ことです。

税制優遇の投資可能枠から、いくら積み立てるかを考えてみよう

次は**毎月いくらぐらい投資に回すべきなのか**を教えてください！　私はさしあたって、お洋服を我慢して月1万円の投資を世界株の投資信託でスタートする予定ですが……。

ＯＫ。国が用意している「ＮＩＳＡ」や「確定拠出年金」といった税制優遇制度の枠とい

う目安ができたので、これをベースに考えていこうか。

もちろん投資に回せるお金は生活があってのことだし、使える制度や枠の金額も人によって違うけど、できれば、1人あたり**月3万円くらいがおすすめ**かな。**ものすごく余裕がある人は15万円程度できればベスト**だろうね。

つ、月3万円……。もう少しお給料が増えたらそれくらい積み立てたいですが、いまはちょっと無理……かな。ましてや月15万円なんて……。

もちろん、**はじめての人は無理なく月1万円でも大丈夫**。それでも老後資金としては、頼りになるくらい貯まる。
ちなみに、いま「できれば月3万円」といったのは、「つみたてＮＩＳＡ」の上限が年間40万円なんだ。それを12ヵ月で割ると、「月3・3万円」になる。
「月15万円程度」というのは、「ＮＩＳＡ」の上限の年間120万円を12ヵ月で割ると「月10万円」になり、それを「確定拠出年金（企業型・マッチング拠出あり）」の上限（月5万5000円）と合計すると、「月15万円程度」になる。

なるほど。いまは「ＮＩＳＡ」や「確定拠出年金」といった税制優遇制度があるから、お

金に余裕がある人は、それらの限度額までうまく使うといい、ということですね。

そのとおり。繰り返しになるけど、**最初は「月1万円」でも十分**だよ。**「月1万円」でも老後資金としては頼りになるくらいは貯まる**という話をしよう。

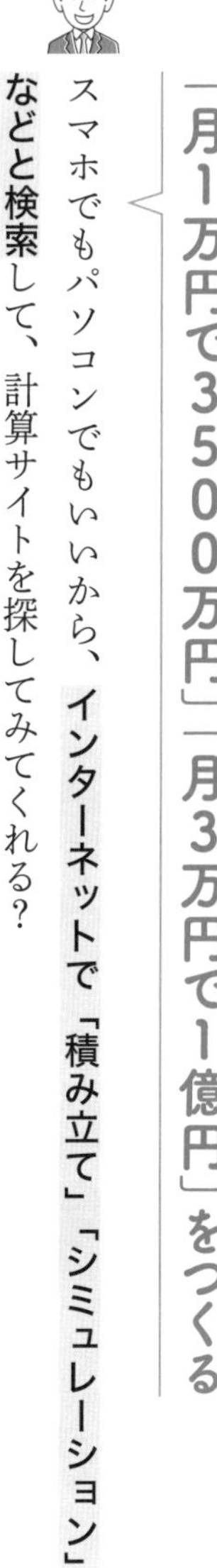

「月1万円で3500万円」「月3万円で1億円」をつくる

スマホでもパソコンでもいいから、**インターネットで「積み立て」「シミュレーション」などと検索**して、計算サイトを探してみてくれる？

はい！　私のスマホでやってみます。

「積み立て」「シミュレーション」……と。おおー。たくさんサイトが出てきました。

「毎月の積立額（円）」「積立期間（年）」「年利回り（％）」の３つを入力するんですね。

姫野さんの場合、毎月１万円、積立期間40年、世界株式の年利回りについては、過去の実績である年８％と入力してみよう。

正確には手数料や税金を引かないといけないけど、まずはざっくりこの数字で考えてみよう。税金は税制優遇制度ならば気にしなくてもいい。

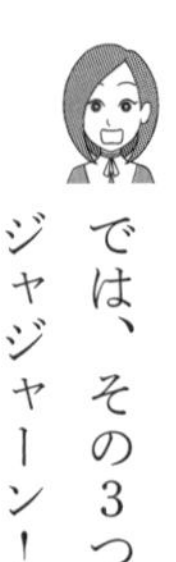

では、その3つを入れてみると……。

ジャジャーン！

「月1万円」で実際の積立額（元本）は「480万円」なのに、最終的には「約3500万円」になっている！　えっ⁉　すごい貯まっている……。

じゃあ、仮に「月3万円」にしてみたら……。

なんと「1億円超」！（元本は「1440万円」）

間違ってないですよね？　……やっぱり、何度計算しても合っている！

過去40年間に「月3万円」を世界株式に積み立てていたら「1億円」貯められたんだ。タイムマシンで昔のお父さんやお母さんに教えてあげたい！

老後2000万円問題も、コツコツ投資でクリアできる

ついでに、最近よく耳にする「老後資金に2000万円必要」という前提でシミュレーシ

月１万円・月３万円の資産運用シミュレーション

注：手数料や税金を含めず。

ヨンしてみようか。
「月1万円」の積立額と40年の積立期間で2000万円をつくるとすると、どれくらいの利回りが必要になるかな。

えっーとですね……おっ、6%の利回りだと2000万円くらいになります。
「月1万円」でも利回りのある資産に投資していけば、2000万円は貯まるんですね。
そう考えると、過度に老後にびくびくすることもないのかも。気持ちが明るくなりました！　**積み立てる期間や金額は人によって違うし、その結果もちゃんとシミュレーションしてみないとダメ**ですね。

金融商品は「お金もうけの道具」ではない

さてと、姫野さんはすでに、投資をはじめるための大切な知識は身についているはずだよ。

はい。友人たちには、**長期とグローバル視点での、人生のバランスをとるための投資**についてしっかり伝えます。あと、国の制度もしっかり勉強しておかないと。

よろしく！　あと、姫野さんの友人たちがどんな金融商品を買うべきかわかっていても、結論を先に伝えないように。

投資のアドバイスというのは、**その人が自分の頭で考えるための道筋をつけてあげること**だ。投資はあくまで自己責任だからね。

そして、**本人が納得して行動しないと、何十年という長期投資を続けることはできない。**

はい、気をつけます。

私としては、金融商品が「ただのお金もうけの道具」ではないことをいちばん伝えたいかな。

金融の投資って、**お金の社会参加を実現して社会を豊かにしていくもの**だし、**自分の人生のバランスをとる身軽で便利な道具**ですからね。

では、週末の食事会、がんばってきます！

いい結果報告を期待していてくださいね！

投資の旅に出る前に、**最終確認**

★短期で値動きする市場と付き合っていくため、長期投資を続けられる仕組みづくり（国の税制優遇制度を使うなど）をする。

★毎月の投資額（積立額）は、国の税制優遇制度枠や、目標額、利回りなどをシミュレーションしながら自分で決める。

★月3万円、40年間、利回り8％（過去の世界株の利回り）で積み立てていくと、最終的には1億円以上の資産が築ける計算になる（元本は1440万円）。

★金融商品はお金もうけの道具ではなく、よりよい社会をつくり、人生のバランスをとるためのものである。

おわりに　投資の主役は「いまを生きるすべての人たち」です

最後までお読みいただき、誠にありがとうございました。

本書は**「人生と社会を豊かで幸せにする投資の本質」について、私が勤める会社の若手社員たちへ約1年間にわたって行うレクチャーを、わかりやすくまとめたもの**です。

「投資」という言葉はよく聞くけれど、その本質がよくわからない。だから、自分が何をすべきかわからない——と、漠然と悩んでいる人は多いのではないかと思います。

本書では、みなさんと同じような悩みを持った新入社員が、世界の事象や日本の歴史に触れながら、日本人に必要な真の投資の知恵を学んでいきます。そして、投資はたんなるお金もうけではなく、自分自身の人生のバランスをとり、幸せに生きていくための道具であることに気づきます。

私がいちばんお伝えしたいのは、「投資の主役は人と社会である」ということです。

投資の本質は、世にはびこる「いくらもうけた」「損した」というものではありません。

こう書くと、きれいごとだと思われるかもしれません。

しかし、投資は本来、きれいごとなのです。いま、私たちが享受している便利で豊かな暮らしは、投資なくして実現することはできませんでした。

投資の目的は、世の中をもっともっと豊かにし、そこに生きる人たちが幸せな人生を送ることにあります。本書でその仕組みを理解できれば、これまで「なんとなく怖い」と思っていた投資が、やさしく希望にあふれたものに感じられると思います。

本書には、投資の本や金融の教科書には書かれていない**「投資において〝本当に〟大切なこと」**をたくさんちりばめてあります。

なかには、**これまでの投資の常識をくつがえす**部分があるかもしれません。

初めて投資に触れる方も、すでに投資の経験が豊富な方も、さまざまな「驚き」とともに、新しい投資の世界を楽しんでいただければ幸いです。そして、みなさんがより豊かで幸せな人生に近づくお手伝いができたなら、これ以上うれしいことはありません。

最後に、本書の出版に際し、お世話になったすべての関係者のみなさんに、心から感謝申し上げます。

さあ、投資の扉を開き、新しいステージへの一歩を踏み出しましょう。

２０２０年６月

加藤航介

【著者紹介】

加藤航介（かとう　こうすけ）

インベスコ・アセット・マネジメント株式会社　グローバル資産形成研究所 所長（インベスコは世界有数の独立系資産運用グループ、米国の主要株価指数であるS&P500種指数の1社）。一般社団法人 投資信託協会「すべての人に世界の成長を届ける研究会」客員研究員。米国コロンビア大学MBA修了（経営学修士）。米国公認会計士、ファイナンシャル・プランナー、証券アナリスト試験に合格（公益社団法人 日本証券アナリスト協会検定会員）。

幼少より、両親や親戚の影響から「世の中のしくみ」や「日本と世界の違い」について興味を持ち、経済や投資を学びはじめるも、腹落ちしない日々を過ごす。

その後「投資の本質」を考えながら、ロンドン、ニューヨークで約10年間生活。ウォーレン・バフェット氏が投資を学んだカリキュラムを受け継ぐコロンビア大学MBAでは、投資のみならず、社会学・歴史などの講義を幅広く履修、グローバル視点での社会のしくみについての見識を高める。

また世界各地での交友関係より、世界の人々の人生感やライフスタイル、幸せやお金への価値観についての多様性を知る。現在は、自らの経験を踏まえた「人生と社会を豊かで幸せにする投資の本質」について広く啓発している。

大学卒業後、2001年より大手日系資産運用会社にて日本株式アナリストとしてキャリアをスタートし、世界株式アナリスト、世界株式ファンドのファンドマネージャー、プロダクトマネージャーなどに従事。米州、欧州、アジアなど世界約30ヵ国を訪問しての経済・企業調査など、世界を舞台に活躍した実績を有し、日本や欧米に留まらず新興国への見識や人脈も豊富。投資のプロが学ぶカリキュラムによる「投資に対する誤った考え」や「海外手法の日本人への誤用」についても熟知している。

座右の銘は「不易流行」。「実経験が大切、顧客とは同じ船に乗る」との考えから、自らもグローバルな資産運用を行う投資家でもある。

趣味はテニス（2019年末 日本テニス協会40歳以上ランキング71位）、畑仕事。辛口の日本酒好き。名古屋出身、二児の父。

世界を見てきた投資のプロが新入社員にこっそり教えている
驚くほどシンプルで一生使える投資の極意

2020年7月9日　第1刷発行
2021年12月24日　第2刷発行

著　者——加藤航介
発行者——駒橋憲一
発行所——東洋経済新報社
〒103-8345　東京都中央区日本橋本石町 1-2-1
電話＝東洋経済コールセンター　03(6386)1040
https://toyokeizai.net/

装　丁……………上田宏志（ゼブラ）
イラスト……………上田惣子
ＤＴＰ……………アイランドコレクション
編集協力…………山崎潤子
編集アシスト………藤田万弓
印　刷……………ベクトル印刷
製　本……………ナショナル製本
校　正……………加藤義廣／佐藤真由美
編集担当…………中里有吾

ISBN 978-4-492-73357-8